지구 좀 그만
못살게 굴어요!

Severn and the Day She Silenced the World

Copyright © 2014 by Janet Wilson

Published by permission of Second Story Press, Toronto, Ontario, Canada.

Korean translation © 2015, 2023 Green Frog Publishing Co.

The Korean edition was published by arrangement with Second Story Press, Toronto through Sunplus Agency, Seoul.

이 책의 한국어판 저작권은 선플러스 에이전시를 통해 Second Story Press와의 독점 계약으로 초록개구리에 있습니다. 신저작권법에 의해 한국 내에서 보호를 받는 저작물이므로 무단 전재와 무단 복제를 금합니다.

지구 좀 그만 못살게 굴어요!

글 재닛 윌슨 | 그림 이지후 | 옮김 송미영

초록개구리

차례

지구 끝에서 · 7
뭐라고 변명할 건가요? · · · · · · · · · · · · · · 15
가장 멋진 발표회 · · · · · · · · · · · · · · · · · · 21
시간 여행 · 29
지뉴강에서 물고기 잡기 · · · · · · · · · · · · 38
표범이다! · 45
불길한 조짐 · 51
연기 기둥 · 58
첫걸음 · 65
지구를 그만 못살게 굴어요 · · · · · · · · · · 75
멸종 위기의 사람들 · · · · · · · · · · · · · · · · 82
가망 없어 · 91
어른들에게 양심이란 · · · · · · · · · · · · · · · 97
벌거숭이 임금님 · · · · · · · · · · · · · · · · · · 105
이제 시작이야! · · · · · · · · · · · · · · · · · · · 112
세상을 바꿀 수 있도록 우리를 도와주세요 · · · 118
다 같이 갈 수는 없다 · · · · · · · · · · · · · · 128
여기는 리우데자네이루! · · · · · · · · · · · · 133

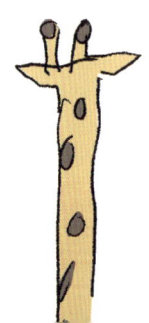

주목을 받다	142
퍼즐 조각들	152
이 세상은 우리 것이기도 해요	158
큰일 났네, 큰일 났어!	168
부자가 되고 싶어	175
공평하지 않아	183
세상에 고함	188
저는 어린이일 뿐이지만	198
어른들, 아이들 말에 귀를 기울이다	207

에코는 지금	210
어른이 된 세번이 말하다	214
사진으로 보는 에코의 활동	218

지구 끝에서

'마치 지구의 끄트머리에 서 있는 것 같아.'

세번은 갯바람을 깊이 들이마시고 나서 작은 만 전체를 죽 훑어봤다. 태평양 바다를 향해 깎아지른 절벽과 울창한 숲으로 덮인 작은 섬들이 눈에 들어왔다. 섬들은 녹색에서 파란색으로, 다시 흐릿한 보라색으로 멀리 수평선까지 아련히 이어져 있었다.

독수리 한 쌍이 하늘로 휙 날아올랐다 내려오며 고기잡이배에서 버려지는 물고기를 낚아챘다. 세번은 무릎을 끌어안은 채 앉아 돌고래를 찾으려고 눈을 가늘게 뜨고 바다를 바라보았다. 이곳은 세번이 세상에서 가장 좋아하는 곳이었다.

'썰물이구나.'

세번은 파도가 남기고 간 보물을 얼른 보고 싶은 마음에 해변으로 눈길을 돌렸다.

"빨리 와, 사리카."

세번이 조바심치며 동생을 불렀다. 사리카가 다른 여자아이 둘과 오두막에서 달려 나왔다. 세번은 아이들과 함께 바닷가로 이어지는 오솔길을 내려갔다. 두 아이, 오에와 타니아가 얼음처럼 차가운 파도가 찰싹거리는 물가로 성큼성큼 다가갔다. 세번은 그들이 열대 지방에서 왔다는 사실이 믿어지지 않았다.

아이들은 얕은 조수 웅덩이를 주의 깊게 들여다보았다. 세번은 성게와 따개비, 그리고 해초 사이를 들락날락하는 꽃게를 손으로 가리켰다. 그러고는 연녹색 파래 한 가닥을 뜯어 입에 넣으면서 말했다.

"너도 먹을래?"

오에와 타니아가 싫다는 표정을 지었다.

"이건 성게야."

사리카가 성게의 뾰족뾰족한 촉수를 건드리며 말했다. 사리카는 다섯 살밖에 되지 않았지만 이런 조수 웅덩이에 사는 생물을 알아맞히는 데는 척척박사였다.

"어, 불가사리다."

세번이 마치 게으른 아이가 벌렁 드러누운 것 같은 주황색과 보라색 불가사리들을 가리키며 말했다.
"나도 봤어!"
사리카가 외쳤다.
"잘했어, 따라쟁이 아가씨."
세번의 아빠가 오에의 부모와 함께 오두막에서 걸어 나온 참이었다.
세번은 오에와 타니아에게 불가사리가 얼마나 재미있는 생물인지 설명해 주고 싶었다. 한쪽 팔을 잘라도 그 자리에서 다시 팔이 자라난다는 사실 말이다. 하지만 세번은 카야포 원주민 언어로 어떻게 말해야 할지 몰랐고, 오에와 타니아도 마찬가지로 영어를 몇 마디밖에 알아듣지 못했다.
오에의 여동생인 타니아가 불가사리를 잡으려고 손을 뻗었다. 세번은 꼬물거리는 불가사리를 타니아 손에 얹어 주었다. 세번은 그제야 타니아의 팔에 물들어 있던 까만 줄무늬가 지워진 것을 보았다. 이제 보니 타니아의 머리도 많이 자라 있었다.
타니아 가족이 브라질에서 이곳으로 온 것은 2주 전의 일이다. 처음에 세번은 오에와 타니아가 앞머리를 삼각형으로

민 모습을 빤히 보지 않으려고 애썼다. 이제는 머리가 자라 아주 근사한 펑크 록 스타일이 되었다.

사실 세번은 자기 집에 온 손님들의 이런 이상한 모습을 보고도 그다지 놀라지 않았다. 아마존 밀림 속 외딴 마을에 사는 카야포족 사진을 미리 봤기 때문이다. 사진에서 그들은 갖가지 색깔의 구슬을 꿰어 주렁주렁 귓불에 단 것은 물론이고, 팔이며 목과 다리를 온통 구슬로 치장하고 있었다.

아빠와 함께 사진을 보며 세번은 "이 사람들은 왜 옷을 안 입죠?"라고 물어보기도 했다. 아빠는 "몸에 그린 무늬가 옷이지."라고 설명했다. "하지만 아빠, 캐나다에서 그랬다가는 바로 감기에 걸리고 말 거예요."라고 사리카가 대꾸하자, 엄마가 말했다. "캐나다에 오면 옷을 구해 줘야겠지. 그리고 필요한 다른 물건들도 챙겨 줘야 할 거야. 당분간 우리 집 아래층에서 살 거거든. 그들의 집이 안전해져서 다시 돌아갈 수 있을 때까지."

세번은 그때 아마존 밀림에 사는 가족이 밴쿠버에 있는 자기네 집으로 온다는 것이 상상이 안 되었다. 그런데 지금 여기 바닷가에서 아이들이 재미있게 노는 모습이 전혀 낯설지 않게 된 것이다.

카야포족은 아마존 밀림 속
와딴 마을에 사는 브라질 원주민이다.

"어머, 아빠! 코끼리 조개예요."

모래 위로 분수처럼 물줄기가 솟아오르는 곳을 가리키며 세번이 외쳤다. 세번은 그곳으로 달려가 모래를 파기 시작했다.

"꺼낼 수가 없어요, 아빠. 자꾸 손이 빨려 들어가요!"

아빠가 부리나케 달려왔다. 그리고는 큰 사발만 한 조개를 끄집어내며 외쳤다.

"우아, 이건 정말 큰 놈이구나!"

아빠는 늘 자연의 신기한 모습을 보면 어린아이처럼 기뻐했다. 그런 아빠의 모습을 보는 게 세번은 정말 좋았다.

"가져갈 거예요?"

"이건 놓아주자꾸나. 사람들이 이런 큰 조개를 너무 많이 잡으니까 말이다."

아빠가 슬픔에 잠긴 목소리로 말했다. 세번은 아빠가 멸종되어 가는 해양 생물을 생각하고 있다는 걸 알았다.

어른들은 바다에 전복과 붉돔과 팔뚝 길이만 한 대구가 넘쳐나던 시절 이야기를 하곤 했다. 그리고 멀리서 연어 떼가 물을 차고 올라오는 소리를 들었던 때를 떠올리기도 했다. 지금은 이런 것들이 거의 사라지고 없다고 생각하니 세번도 슬퍼졌다. 사리카는 작은 조수 웅덩이에서 조개껍데기로 모래를 파더니 쿠키만 한 크기의 매끈한 대합을 끄집어내고는 자기 배를 쓰다듬으며 맛있다는 시늉을 했다. 오에와 타니아와 함께 노는 것은 마치 끊임없이 몸짓 놀이를 하는 것과 같았다.

"조개 캐는 거예요."

엄마가 오에와 타니아의 아빠 파이아칸에게 포르투갈어로 설명해 주었다. 파이아칸은 브라질 공용어인 포르투갈어를 알아들었지만 파이아칸의 아내인 아이레크란은 카야포어로만 말했다. 그들의 어린 아기 마얄은 너무 어려서 어차피 아무 말도 할 줄 몰랐다. 곧 모두 조개 캐는 일에 뛰어들었다.

아빠가 주머니칼로 조개의 입을 벌리자 파이아칸이 콧잔등을 찡그렸다. 아빠는 조갯살을 썰어서 그대로 입에 넣어 삼켰고, 그걸 본 아이레크란은 진저리를 쳤다. 조개 캐는 일에 흥미를 잃자 파이아칸은 아이레크란과 함께 오두막으로 돌아갔다. 세번은 그들이 왜 바다를 등진 채 발코니에 앉아 있는지 궁금했다. 고향인 아마존 밀림을 그리워하는 걸까? 세번은 밀림의 고요함을 그리워하는 마음을 알 것 같았다.

세번도 여기서 차로 여섯 시간 걸리는 밴쿠버 집을 무척 좋아하긴 하지만, 얼마간 도시 생활을 하다 보면 다시 이곳 쿠아드라섬에 와서 낚시도 하고 숲속도 거닐고 싶어지니까.

 밀물이 들어오기 시작하자 세번은 아이들을 데리고 숲으로 들어가 놀았다. 이윽고 저무는 햇살이 나무 사이로 드리워졌고, 아이들은 집에서 풍겨 오는 향나무 타는 냄새를 맡으며 오두막으로 돌아왔다.

 오에와 타니아가 자기 엄마 아빠를 따라서 따뜻한 모닥불 앞에 자리를 잡고 앉았다. 파이아칸 가족이 브라질에서 온 후 처음 보는 편안한 모습이었다. 오늘 밤만은 파이아칸도 생명의 위협을 받고 있는 사람처럼 보이지 않았다.

뭐라고 변명할 건가요?

"엄마, 타니아가 뜰에다 똥을 눴어요."

세번이 변장 놀이를 하는 아이들한테 들리지 않게 조용히 속삭였다.

"타니아는 이제 겨우 네 살이잖아. 그리고 여기는 타니아가 살던 곳하고 너무 다르기도 하고."

엄마는 밴쿠버 집 부엌에서 식사 준비를 하고 있었다.

"잘됐네. 꽃밭에 거름을 주는 셈이니."

아빠가 씩 웃으며 말했다. 세번은 아빠가 하는 말이 진담인지 농담인지 모를 때가 있었다.

"생각해 봐라, 우리가 매일 이 쓸모 있고 환경친화적인 배설물을 얼마나 많이 변기에 내려 버리고 있는지. 그것도 깨끗한 물을 사용해서 말이야."

세번의 아빠 데이비드 스즈키는 '세상 만물의 본성'이라는 텔레비전 과학 프로그램의 진행을 맡고 있었다. 그래서 환경 이야기를 많이 했다. 아빠가 파이아칸을 만난 것은 아마존 밀림 파괴에 관한 다큐멘터리를 찍을 때였다.

세번은 그 프로그램을 보고 나서 브라질 정부가 밀림 지대의 나무를 베어 내고 그 땅을 도시 실직자들에게 나눠 주어 농사를 지을 수 있도록 했다는 사실을 알게 되었다. 브라질 정부는 이 캠페인을 '사람 없는 땅을 땅 없는 사람에게'라고 이름 붙였다. 하지만 그 '사람 없는 땅'에는 원래 몇천 년간 살아온 원주민이 있었다. 더욱이 비옥했던 땅이 점점 황폐해지면서 농사마저 망쳐 버렸다. 아빠는 그걸 보고 미친 짓이라고 했다.

"아마존 밀림은 멸종 위기에 놓여 있는 식물과 동물의 귀중한 보물 창고란 말이야."

세번이 엄마 아빠와 마찬가지로 밀림, 즉 '지구의 허파'를 보호하는 일에 열정을 쏟는 것은 어쩌면 아주 자연스러운 일이었다. 세번이 사리카만큼 어렸을 때 집 근처 숲이 베어질 위기에 놓인 적이 있었다. 그때 세번은 이미 나무가 기온과 날씨를 조절하는 데 중요한 역할을 한다는 것을 알고 있었고, 숲이 파괴되면 기후 변화에 영향을 줄 것이라는 사실도 알았다. 그래서 숲을 구하는 기금을 모으기 위해 집 앞마당에서 레모네이드를 팔기도 했다. 그뿐 아니라 아버지 책까지 내어다 25센트에 팔았는데, 알고 보니 그 책들은 100배도 넘는 가격이었다!

"우리 목마르다."

오에가 사리카의 공주 왕관을 머리에 쓰고 불쑥 방 안으로 들어오며 말했다. 오에가 서투른 영어로 말하는 것을 듣고서 세번은 입가에 미소를 띠었다. 세번은 파이아칸 가족이 이곳에 도착하기 전에 그들과 어떻게 의사소통을 할까 의문스러웠다. 엄마 친구가 포르투갈어를 몇 마디 가르쳐 주기도 했지만, 사실 전혀 걱정할 필요가 없는 일이었다. 노래와 놀이를 통해서 완벽하게 소통할 수 있었기 때문이다.

오에와 타니아는 호기심이 많아서 새로운 일을 하고 싶어 했다. 둘은 사리카의 세발자전거를 타고 동네를 한 바퀴 돌거나 텔레비전을 보거나 눈썰매 타는 것을 무척 좋아했다. 반대로 파이아칸은 눈을 전혀 좋아하지 않았다. 시내를 구경하는 것도 별로 안 좋아했다. 파이아칸은 높은 빌딩과 물건이 가득한 가게를 보면 "저게 다 이 땅에서 난 것들이라면 지구는 앞으로 얼마나 버틸 수 있을까요?"라고 말했다.

"오에와 타니아는 언제 집으로 돌아갈 수 있나요?"

세번의 물음에 엄마가 대답했다.

"집으로 돌아가서 안전하게 살 수 있다고 생각되면 그때 파이아칸이 결정할 거야."

카야포족 추장인 파이아칸은 브라질 열대 우림에 거대한 수력 발전 댐을 건설하려는 계획에 맞서서 국제적 항의 집회를 이끌었다는 이유로 생명의 위협을 받고 있었다. 그러나 그 덕분에 수백 개의 마을이 물에 잠기는 사태를 막고 수많은 야생 동물이 죽음을 피할 수 있었다. 세번의 부모는 파이아칸이 위험에 놓일 경우 바로 피신할 수 있게 비행기를 마련해 주려고 기금을 모으는 중이었다.

"파이아칸은 브라질 정부와 여러 큰 회사한테 눈엣가시 같은 존재가 되었어. 왜냐하면 댐 건설 사업을 성사시켜야 정부와 회사가 많은 돈을 벌 수 있거든."

세번의 부모는 파이아칸을 도와 항의 집회를 열 수 있도록 몇 개월 동안 애썼다. 세번은 늘 엄마와 아빠가 자신들이 옳다고 믿는 일에 뛰어들고, 그 결과로 세상에 변화를 가져온다는 사실이 자랑스러웠다.

"어른들은 왜 그렇게 돈만 생각하죠? 돈보다는 자연이 더 소중하잖아요!"

세번이 투덜거렸다.

아마존 밀림의 3분의 1은 이미 파괴되었다. 세번은 '이러다가 내가 낳은 아이들이 사는 미래에는 밀림이 남아 있기나 할까?'라는 의문이 들었다.

그다음 주에 세번 가족과 파이아칸 가족은 캐나다의 한 원주민 마을을 방문하기 위해 비행기를 타고 북쪽으로 날아갔다. 그 원주민들도 파이아칸과 마찬가지로 자신들의 땅과 물을 보호하려고 애쓰고 있었다. 원주민늘은 파이아칸에게 강한 유대감을 느꼈고, 많은 사람들이 카야포족을 돕기 위해 아낌없이 기부금을 냈다. 향나무로 엮어 만든 전통 모자를 쓴 노인이 파이아칸에게 말했다.

"끔찍한 일을 겪고 있군요. 우리도 그런 일을 겪었다우."

두 가족의 마지막 행선지는 캐나다 브리티시컬럼비아주의 태평양 연안 앞바다에 있는 하이다과이였다. 세번은 몇 년 전에 이 섬을 방문한 기억이 났다. 그때 세번 가족은 어마어마한 노숙림을 벌목하지 못하게 하는 시위에 동참했다. 세번은 하이다과이의 풍요로운 문화를 사랑했고 원주민들의 의식 행사를 보면서 크게 감동했다. 특히 그들이 땅과 그 땅에서 나는 모든 생산물을 존중하는 것이 마음에 들었다.

그 후 학교 수업에서 원주민에 대해 배우고 나서 세번은 엄마에게 불평을 늘어놓았다.

"학교에서는 옛날 역사밖에 안 배우는걸요. 어떤 애들은 지금도 원주민이 이 땅에 살고 있다는 걸 몰라요."

그 뒤 엄마가 나서서 교과 과정을 바꿀 방법을 찾았다는 것이 세번은 무척 자랑스러웠다.

하이다과이에서 돌아오는 길에 세번은 비행기 창문에 이마를 대고, 나무를 싹 베어 내고 태운 민둥한 숲을 노려보았다. 파이아칸이 엄마에게 침울한 목소리로 말했다. 엄마는 세번에게 파이아칸이 한 말을 그대로 통역해 주었다.

"브라질에서는 사람들이 가난하고 무식해서 밀림을 파괴합니다. 하지만 캐나다 사람들은 부자에다 교육도 잘 받았잖아요. 당신들은 뭐라고 변명할 건가요?"

가장 멋진 발표회

"좋은 생각이 났어."

사리카가 아침을 먹다 말고 불쑥 말했다.

"우리 유치원에 오에와 타니아를 데려가서 발표를 하면 어떨까?"

"굉장하겠는데, 사리카."

세번이 웃으며 말했다.

"그거 괜찮은걸. 너희 선생님과 오에 부모님만 허락한다면."

아빠도 맞장구를 쳤다.

"어쩌면 너희 아빠가 파이아칸이 선물로 준 머리 장식물을 빌려줄지도 모르지."

엄마의 말에 아빠는 당황한 듯 목소리를 높였다.

"하지만 여보, 그건 내가 가장 아끼는 물건이에요."

"걱정할 것 없어요. 우리가 모두 함께 간다면, 파이아칸이 알아서 할 거예요."

며칠 후 파이아칸 가족은 사리카의 유치원을 방문했다. 파이아칸이 먼저 머리 장식물을 아이들에게 보여 주면서, 거기 달린 샛노란 앵무새 깃털이 햇빛을 나타내는 것이라고 설명했다. 아이레크란은 아기를 두르고 다닐 때 쓰는 포대기를 보여 주었다.

처음에는 아이들이 수줍어하며 물었다.

"아마존에서는 사람들이 무얼 먹고 살아요?"

"과일과 견과류를 매일 따 먹죠."

엄마가 아마존에는 식료품 가게가 없다고 설명했다.

"여자들은 마을 채소밭에서 사탕수수와 옥수수, 마니옥(속살이 부드럽고 녹말이 많이 들어 있는 뿌리 식물로 '카사바'라고도 부른다 - 옮긴이)을 따고, 남자들은 물고기를 잡거나 원숭이, 맥, 사슴 따위를 사냥하지요."

"원숭이요?"

아이들이 놀라서 외치자, 사리카가 덧붙여 말했다.

"커다란 거북이도 잡고."

"텔레비전도 봐요?"

"전기가 없는 곳에서는 텔레비전을 볼 수 없어요."

"그럼 어떤 놀이를 해요?"

오에와 타니아가 키득거리며 발로 공 차는 시늉을 했다.

"축구!"

아이들은 자기들과 똑같은 놀이를 한다는 게 놀라운지 큰 소리로 외쳤다.

나중에 사리카는 세번과 세번의 친구 토브에게 자랑했다.

"정말 세상에서 가장 멋진 발표회였어!"

"너희 자매는 언제나 가장 멋진 걸 보여 주잖아."

토브의 말에 세번이 대꾸했다.

"그건 그래. 과학자 아빠를 둔 덕분이겠지. 아빠가 늘 굉장한 것들을 집으로 가져오니까."

세번은 친구들이 자기가 유명한 아빠를 두어 특별 취급을 받는다고 생각하지는 않는지 궁금했다. 물론 세번도 텔레비전에 나온 적이 있다. '세서미 스트리트'(미국 방송 역사상 가장 오래된 어린이 프로그램 – 옮긴이)와 아빠가 진행하는 프로그램이었다.

세번은 또한 부모님을 따라 세계 곳곳을 다니기도 했다.

그중에는 저개발 국가도 있었는데, 그곳에서 가난한 사람들이 어떻게 사는지 볼 수 있었다. 그래서 세번은 이따금 학교 친구들이 자기들이 얼마나 운 좋게 태어났는지를 알고 있을까 의문스러웠다. 적어도 여기서는 먹을 음식, 깨끗한 물, 살 집 같은 것을 걱정할 필요는 없으니까 말이다.

"내가 늘 자연이나 인권 이런 것만 얘기하니까 다른 아이들이 나를 좀 답답하다고 생각하는 것 같니?"

세번이 토브를 쳐다보면서 다시 물었다.

"내가 생일날 해변 청소 파티를 열었다고 나를 좀 이상한 애라고 생각하는 건 아니냐고."

"이상하냐고? 맞아! 그래서 우리가 너랑 노는 거야. 너하고 함께 있으면 절대 지루한 법이 없거든."

토브가 웃으며 덧붙였다.

"너희 부모님은 정말 멋져. 학교 과학 시간에 배우는 것보다 너희 집에서 저녁 먹으면서 배우는 게 더 많다니까."

세번 집에서 열리는 저녁 토론은 활기 넘쳤다. 주제는 대개 환경 오염이나 기후 변화, 인구 과잉, 오존층 파괴 등인데, 어떤 때는 토론이 꽤 치열해지기도 했다. 특히 아빠가 환경 위기의 심각성을 잘 모르는 사람들에 대해 열을 올릴

때면 더 그랬다.

"사람들의 태도를 변화시키는 건 거의 불가능해 보여."

어느 날 밤에 아빠가 소리쳤다.

"바뀌겠죠, 여보. 희망이 있다고 믿어야 해요."

엄마는 좀 더 희망적이었다. 세번도 그렇게 믿고 싶었다. 하지만 부모님이 가끔 환경에 대해 이야기하는 것을 들으면 걱정이 안 될 수가 없었다. 만약 해결 방안을 찾지 못하면 미래는 전혀 희망이 없는 걸까? 때로 세번은 자기가 차라리 환경 문제를 몰랐으면 좋았을 거라는 생각도 들었다. 아홉 살짜리가 이렇게 심각한 걱정을 하는 게 정상일까? 다른 아이들 같으면 코앞에 닥친 수학 시험이나 유행하는 신발 따위가 가장 큰 관심사일 텐데.

그래도 세번은 자연에 대한 사랑을 함께 나눌 수 있는 부모와 사는 것을 행운으로 생각했다. 엄마 아빠는 세번이 나비를 잡거나 연못에서 개구리를 찾고 풀숲에서 나무타기 같은 것을 하면서 놀게 했다. 하지만 도시 아이들 대부분은 자연에서 놀지 않았다. 자연을 모르고 자연을 사랑하지 않는데 어떻게 자연을 보호하겠다는 생각을 할 수가 있을까?

🌱🌱🌱

파이아칸 가족은 스즈키 가족과 같이 몇 주를 지냈다. 그러던 어느 날, 아이레크란이 파이아칸에게 고향 마을로 돌아가고 싶다고 말했다.

"여긴 춥고, 다른 가족들이 보고 싶어요. 아오크레로 돌아가서 우리 아이들도 학교에 보내야지요."

"돌아가도 괜찮겠어요?"

아빠가 묻자, 파이아칸이 고개를 끄덕이며 대답했다.

"이제 당신이 마련해 준 비행기도 있으니까 위험해지면 그걸 타고 탈출하면 돼요."

마침내 아빠와 엄마가 소형 비행기를 살 만큼 기금을 모았던 것이다. 파이아칸 가족이 떠나던 날 아이레크란이 큰 소리로 흐느끼는 바람에 세번은 깜짝 놀랐다. 세번과 사리카도 오에와 타니아를 다시 못 볼 수도 있다는 생각에 울음을 터뜨렸다.

"우리 가족에게 베푼 은혜는 반드시 갚겠어요. 우리 고향 마을로 꼭 한번 놀러 오세요."

파이아칸이 엄마 아빠에게 말했다. 세번과 사리카는 눈을 커다랗게 뜨고 서로 바라보았다.

"아빠, 우리 정말 갈 수 있어요?"

"엄마, 제발!"

둘은 한목소리로 외쳤다.

"음, 나도 너희들이 아오크레에 가 봤으면 해. 틀림없이 좋은 경험이 될 테니까. 여름휴가를 아마존에서 보내지 뭐."

아빠가 얼굴에 웃음꽃을 활짝 피우며 말했다. 엄마는 아빠한테 몸을 기댔고, 두 자매는 서로 얼싸안았다.

시간 여행

"여긴 정글 같지가 않은데?"

세번 가족이 공항에 내려서 짐을 찾는 동안 사리카가 눈을 비비면서 말했다. 그들은 여러 표준 시간대를 거치는 긴 여행 끝에 브라질의 마나우스라는 도시에 도착했다.

"정글 맞네."

아빠가 북적이는 여행자들 틈바구니에서 행여 잃어버릴까 사리카의 손을 꼭 잡은 채 중얼거렸다.

"아직 한참 더 가야 해, 사리카."

이틀 후 세번 가족은 렌덴상이라는 작고 허름한 마을에서 파이아칸을 만났다. 그들은 곧 비행기를 타고 아오크레를 향해 출발했다. 비행기가 이륙할 때 그 아래로 나무들이 파도처럼 너울거렸다.

"초록빛 바다 같아요."

세번이 비행기 소음을 뚫고 외쳤다.

"꼭 브로콜리 같아."

사리카도 소리쳤다.

몇 분 지나지 않아 드넓은 녹색 평원 여기저기에 붉게 드러난 벌거숭이 땅이 눈에 띄었고 거품 낀 희뿌연 강줄기도 보였다.

"저건 뭐예요, 아빠?"

세번이 물었다.

"아마 금광이 가까이에 있을 거야. 분명히 불법으로 운영하는 것일 텐데. 파이아칸도 한때 자기네 마을 근처의 불법 금광을 내쫓는 운동에 앞장선 적이 있대. 그런데 그때 벌써 강은 금광에서 흘러나온 수은으로 중독되어 있었다지."

"너무 지저분해 보여요."

세번이 말했다.

비행한 지 두어 시간이 지났을 때, 빽빽한 밀림 사이로 둥근 모양의 붉은 땅이 내려다보였다. 세번은 강 근처 오두막들이 동그랗게 모여 있는 곳에 눈길을 멈추었다.

"저기 마을이 있어요."

"그리고 저게 리우 지뉴야. '작은 강'이라는 뜻이지."

엄마가 말했다.

고도를 낮춘 비행기가 나무숲 사이 좁다란 활주로를 따라 통통 튀는 바람에 세번은 속이 울렁거렸다. 비행기가 완전히 멈추자 밖에서 새된 울음소리가 들려왔다.

"저건 보고 싶었다는 걸 나타내는 카야포족 풍습이래."

아빠가 말했다.

마을 사람들이 세번 가족을 맞으러 우르르 몰려왔다. 세번과 사리카는 비행기 사다리를 걸어 내려와, 몸을 검은색과 붉은색으로 얼룩덜룩 색칠한 사람들 가운데에 섰다. 여자들은 면 원피스를 입고 있었고, 남자들은 반바지 차림이었다. 벌거벗은 아이들은 세번과 사리카를 만져 보려고 서로 밀치면서 난리를 피웠다.

"오에! 타니아!"

세번과 사리카가 사람들 무리에서 오에와 타니아를 찾아냈다.

파이아칸은 세번 가족이 머물 오두막으로 그들을 데리고 갔다. 가는 동안에도 강한 햇볕이 계속 따갑게 내리쬐었다.

"휴, 여긴 좀 시원하네."

세번이 말했다. 그곳은 진흙 벽과 단단한 흙바닥으로 된 집이었는데, 모든 게 붉은 흙먼지로 덮여 있었다. 마을 아이들이 세번 가족을 따라 안으로 들어와서는 호기심 가득한 눈으로 그들의 움직임을 하나하나 지켜보았다.

어떤 여자가 아빠에게 천으로 만든 해먹을 건네주었다.

"이걸 어떻게 걸어야 하지?"

아빠가 머리를 긁적이며 어쩔 줄 몰라 하자, 마을 사람들이 모두 웃었다. 마치 '어떻게 그런 걸 모르는 얼간이가 다 있지?'라는 듯이.

가족과 함께 짐을 정리한 다음, 세번은 바로 옆에 있는 파이아칸의 오두막으로 갔다.

"마얄이 많이 컸어요."

세번이 마얄을 안아 올리며 말했다. 아이레크란이 모닥불 위에 쇠솥을 올려놓고 콩과 쌀, 생선으로 요리하고 있었다. 아이레크란은 다 만든 음식을 양철판 접시에 높이 쌓아 올렸다.

식사를 다 마치고 나서 오에와 타니아는 손님들을 데리고 오솔길을 따라 강으로 갔다. 그러고는 곧장 물속으로 뛰어들었다. 세번은 엄마 아빠에게 눈짓으로 물에 들어가도 되는지 물었다. 엄마 아빠가 고개를 끄덕였다.

"어쩜! 목욕탕 같아."

물이 차갑지는 않았지만 세번은 타는 듯한 열기를 식힌 것만으로도 날아갈 것 같았다. 그늘진 강둑에서 여자들이 미끼를 끼운 낚시 갈고리를 던지고 있었다. 아빠는 그들이 무얼 잡는지 흥미롭게 지켜보았다.

"저것 봐. 피라냐다."

아빠가 물고기를 가리키며 말했다. 엄마는 헉하고 숨을 들이마셨다. 피라냐는 아주 날카로운 이빨을 가지고 있어서 때로는 사람들을 공격하는 물고기다. 하지만 파이아칸은 피라냐가 절대로 위험하지 않다고 말하고는, 입맛을 다시면서 맛있다는 시늉까지 했다.

이따금 여자들은 물에 뛰어들어 몸을 식히거나, 노래를 흥얼거리면서 두 손을 오목하게 모아 물을 철썩이기도 했다. 아이들은 강기슭에서 흘러 들어온 물이 모여 있는 웅덩이에서 맑은 물을 떠 들통에 모았다.

"저게 식수란다."

아빠가 말했다.

"카야포 마을은 30여 년 전까지 현대 문명이 전혀 닿지 않은 곳이었어. 이게 수천 년간 그들이 살아온 방식이지."

'마치 시간 여행을 온 것 같아.'라고 세번은 생각했다.

"정말 평화롭고 아름다워. 가슴이 벅차요."

엄마가 아빠의 팔짱을 끼며 말했다.

얼마 후 세번은 마을 구석구석을 구경하고 싶어졌다. 세번과 사리카가 강둑을 기어오르자 아이들이 떼를 지어 따라왔다. 모두 함께 마을을 돌며 오두막 안을 기웃거렸다.

"사리카, 저것 봐. 저 사람이 아이 몸에 색칠하고 있어."

세번은 아이를 안은 채 검정 물감을 손에 묻혀 색칠하는 여자를 턱으로 가리키며 말했다.

오두막으로 돌아온 세번은 아빠에게 다급하게 물어봤다.

"아빠, 오줌 누고 싶은데 어디서 눠요?"

아빠는 풀로 엮은 가리개가 쳐진 변소를 가리켰다. 안에는 재래식 웅덩이가 있었다.

"발을 양쪽에 하나씩 딛고 쪼그려 앉아서 누는 거야. 캠핑 갔을 때처럼."

아빠가 말했다. 그러고 나서 이렇게 덧붙였다.

"절대로 아래를 보면 안 된다."

"웩, 징그러워!"

살찐 구더기들이 아래쪽에서 우글거리는 것을 보고 세번은 숨이 막힐 뻔했다. 아빠가 웃으며 말했다.

"아래는 보지 말랬잖아."

마을 중앙에 있는 천막 아래에는 남자들 몇 명이 모여 담뱃대로 담배를 피우면서 얘기를 나누고 있었다.

"파이아칸이 그러는데 이건 남자들의 오두막이래."

엄마가 말했다. 사리카는 안에서 사람들이 뭘 만드는지 보려고 몸을 기울였다.

"어깨에 메는 포대기를 엮고 있어요. 아이레크란이 마얄을 두르고 다닐 때 쓰는 것 말이에요."

"왜 어떤 남자들은 입 아래에 구멍이 뚫려 있어요, 아빠?"

세번이 물었다.

"그건 전통적인 입술 장식이지."

아빠는 커다란 원형 나무판을 아랫입술에 집어넣는다고 설명해 주었다.

"하지만 젊은 남자들은 이제 이 관습을 잘 따르지 않는대."

"이해돼요. 굉장히 불편할 것 같으니까요."

세번이 말했다.

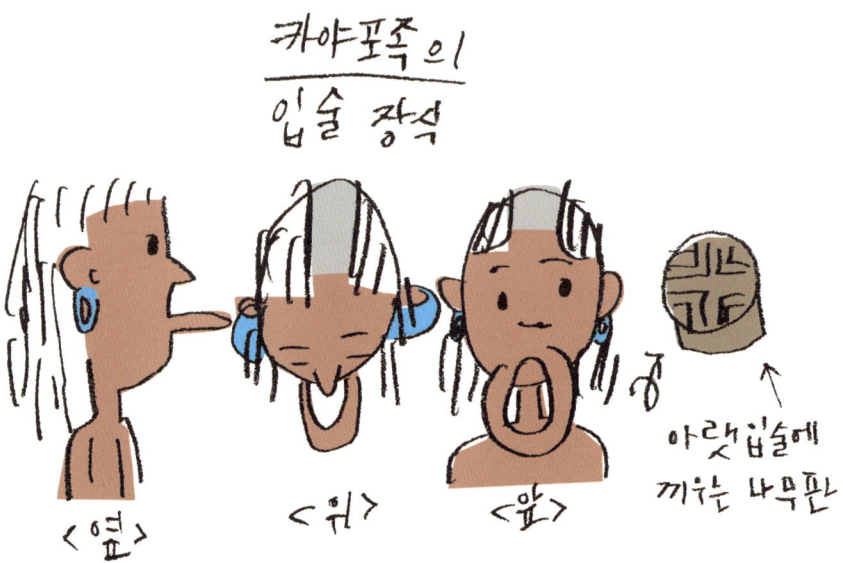

저녁에 세번 가족은 마을 여자들이 준비한 환영 잔치에 초대받았다. 거북을 잡아서 등딱지를 아래로 가게 불에 올려놓은 게 보였다. 아빠는 어렸을 때 거북을 먹어 본 적이 있지만, 막상 살갗이 우툴두툴한 주름투성이 거북을 보자 식욕이 당기지 않았다. 파이아칸이 피가 뚝뚝 흐르는 거북 다리 하나를 뜯어서 아빠에게 주었다. 세번은 아빠가 예의상 거절하지 못하고 받아먹으리라는 걸 알았다. 세번도 맛이 궁금했지만 좀 더 익을 때까지 기다리기로 했다.

사리카가 아빠 어깨에 기대어 잠이 들자 아빠가 말했다.

"자, 이제 모두 잠자리에 들도록 하자. 내일은 파이아칸이 우리를 데리고 강에 낚시하러 간다고 했거든."

세번은 신이 났다. 세번과 사리카도 아빠를 닮아 정말 낚시를 좋아했다.

"할아버지도 같이 계셨으면 좋았을 텐데."

세번이 해먹에 몸을 파묻으면서 말했다. 할아버지는 세번과 사리카가 낚싯대를 붙잡을 수 있게 된 무렵부터 둘을 데리고 낚시하러 다니곤 했다. 모두 함께 밴쿠버 근처로 낚시를 다니기도 했는데, 언젠가 혹 달린 기형 물고기가 잡힌 뒤로는 가지 않았다. 지금은 도시에서 멀리 떨어진 곳으로만 낚시하러 간다.

세번은 비행기에서 내려다본 지저분한 강을 다시 떠올렸다. 지뉴강에서도 물고기가 죽거나 멸종되는 일이 벌어질까? 만약 지뉴강이 그런 위험에 놓인다면 세번도 부모님처럼 강을 보호하기 위해 기꺼이 싸울 것이다. 찌르르르 매미 소리가 자장가처럼 들렸고, 세번은 눈꺼풀이 무거워져 이내 잠에 빠져들었다.

지뉴강에서 물고기 잡기

"언니."

사리카가 해먹에 누운 채 속삭였다. 아침 햇살이 오두막의 열린 출입구를 통해 길게 뻗어 들어왔다.

"저것 봐. 우릴 지켜보고 있어!"

세번은 눈을 떴다. 멀리 떨어지지 않은 곳에서 한 무리의 아이들이 그들을 가만히 지켜보고 있었고, 많은 마을 사람들이 오두막 주위를 서성이고 있었다.

"우리를 보러 오는 게, 마치 아침 행사 같아."

엄마가 말했다.

전날 남은 음식과 바나나, 구아바로 아침을 먹자마자 세번과 사리카는 강가로 달려갔다. 남자들 몇몇이 오늘 낚시하러 갈 때 탈 카누를 준비하고 있었다.

엄마가 파이아칸과 무슨 얘기를 나누더니 세번과 사리카 쪽으로 걸어왔다.

"어쩌지? 우린 못 가게 생겼네."

"왜요? 우리가 어려서 못 데려간대요?"

세번이 붉은 땅에 발을 구르며 물었다.

"말도 안 돼. 저 남자애도 나처럼 어린아이인걸."

사리카도 발을 쿵쿵 구르며 말했다.

"쟤는 남자애라서 갈 수 있는 거야. 파이아칸이 그러는데, 여자들은 못 간대."

엄마가 사리카의 묶은 머리를 쓰다듬으며 대답했다. 사리카는 세상에 태어나서 그런 법이 있다는 소리를 처음 들어 봤다.

"농담이죠?"

세번은 이렇게 물었지만, 그 말이 농담이 아니라는 걸 알았다.

"카야포족은 남자와 여자가 하는 일을 구분한대. 남자들이 사냥과 낚시를 하는 대신, 여자들은 채소밭을 가꾸고 음식을 만들고 아이들을 돌보는 식이지."

엄마는 다시 밝은 목소리로 덧붙였다.

"나중에 아빠가 파이아칸에게 잘 설명할 거야. 우리 문화는 남자, 여자 구분 없이 같은 일을 할 수 있다고."

두 자매는 공터로 돌아가서 아이들이 축구하는 데 끼었다. 햇볕이 너무 따가워지자 아이들은 강물에 들어가 커다란 레몬을 던지며 놀았다.

아빠가 낚시 갔다 돌아올 무렵에는 세번과 사리카도 아침에 실망했던 것을 새까맣게 잊었다.
"내가 뭘 잡았는지 봐!"
아빠가 커다란 물고기를 들어 올렸다.
"내 접이식 낚싯대를 보고 처음에 사람들이 모두 비웃었지만, 이건 아주 튼튼한 낚싯줄이라고 말해 줬지. 그런데 자꾸만 줄이 끊어지니까 그때마다 폭소를 터뜨리더군."
그렇게 말하면서 아빠도 웃었다.
"투쿠나레(아마존강에 서식하는 몸집이 큰 물고기 - 옮긴이)를 낚은 뒤에 우리 아버지가 가르쳐 준 대로 그놈이 지칠 때까지 얼마나 갖고 놀았나 몰라. 그러다가 낚싯대가 뚝 부러진 거야. 내가 줄을 얼른 잡아당겼는데 어디선가 화살이 날아와서 그놈한테 정확히 명중했어. 돌아보니까 파이아칸이 활을 들고 서 있더군."
세번이 말했다.
"그러니까 이 물고기는 파이아칸이 잡은 거네요?"
"아니, 잡은 건 나라고! 파이아칸이 죽이기는 했지만."
카야포 사람들은 영어를 알아듣지 못하면서도 덩달아 마구 웃어 댔다.

다음 날, 세번과 사리카는 소원대로 낚시를 하게 되었다. 이번에는 온 가족이 함께 떠난 낚시 여행이었다.

지뉴강은 구불구불 휘어져 있었는데, 때로는 빠르게 흐르는 물길로 좁아졌다가 길고 깊은 웅덩이로 넓어지기도 하고 다시 얕은 급류가 되기도 했다.

"큰부리새 봤어."

세번이 강가에 있는 나무를 가리키며 말했다.

"나도!"

사리카가 따라 소리치고 나서 말했다.

"그리고 아빠, 저것 봐요. 엄청 큰 햄스터예요!"

"저건 카피바라야. 세상에서 가장 덩치가 큰 설치류지."

수심이 얕고 너른 강기슭에 이르자 파이아칸이 배에서 바위로 뛰어올라 걸어가더니 활을 쏘았다. 사냥감이 퍼드덕거리다 잠잠해지자, 파이아칸은 뱀같이 생긴 것을 물에서 집어 올렸다.

"전기뱀장어다."

아빠가 활짝 웃으며 말했다. 하지만 이내 얼굴에 웃음기가 가셨다. 뱀장어가 몸에 닿으면 강렬한 전기 충격을 받게 되는데 그 정도로도 아이들은 목숨을 잃을 수 있기 때문이었다. 파이아칸은 뱀장어가 완전히 죽은 것을 확인하고 나서 배 밑바닥에 내려놓았지만, 세번은 그게 발치에 있다는 사실만으로도 머리가 쭈뼛 섰다.

 낚시를 마치고 돌아오니 마을 여자들이 나와서 맞으며 잡아 온 물고기를 보고 감탄했고, 파이아칸이 전기뱀장어 잡은 것을 축하해 주었다.

 저녁 식사 때 세번은 잡아 온 물고기, 그중에서도 뱀장어를 한번 맛보고 싶었다.

"이런 뱀장어는 굉장히 귀하지. 이런 건 어르신들한테 드시라고 하는 거야."

"쳇."

 아빠의 말에 세번이 낮게 투덜거렸다.

 저녁 내내 파이아칸은 아빠가 얼마나 어설프게 물고기를 잡으려 했는지 이야기해 주었고, 그 말을 듣고 모두 깔깔 웃었다.

"이제 잠잘 시간이다."

 아빠가 파이아칸의 말에 짐짓 마음 상한 척하면서 말했다.

"하지만 이제 막 해가 졌는걸요."

사리카가 징징거렸다.

"아오크레에서는 해 질 때 잠자리에 들고 해 뜰 때 일어나야 하는 거야."

세번은 자기 해먹으로 미끄러져 들어갔다. 책을 꺼내 읽고 싶었지만, 퍼뜩 '여기는 전깃불이 없지.' 하는 생각이 났다. 전기가 필요하다고 느낀 건 이번이 처음이었다. 세번은 그동안 전화기나 텔레비전, 라디오, 컴퓨터 같은 것을 까맣게 잊고 지냈다. 운동 기구나 미술 도구, 음악 같은 것도 전혀 생각나지 않았다.

오두막 안을 둘러보던 세번은 주변에 물건이 얼마나 적게 있는지 새삼 깨달았다. 밴쿠버 집에는 그야말로 물건들이 널려 있었다. 카야포 사람들이 쓰는 것은 대부분 자연적으로 분해되는 것이었다. 여기 도착한 후 지금까지 나온 쓰레기는 엄마가 가져온 주스 팩과 수프 봉지가 다였다.

'우린 정말 많이 사고 많이 버리는구나!'

세번은 파이아칸이 했던 말을 다시 한번 떠올렸다.

"여기 있는 물건이 모두 이 땅에서 난 것들이라면 도대체 지구는 얼마나 더 버틸 수 있을까요?"

표범이다!

"엄마 옆에 꼭 붙어 있어야 한다. 아마존 밀림은 우리가 여태껏 가 봤던 숲하고는 달라. 곳곳에 위험이 도사리고 있거든."

엄마가 세번과 사리카의 눈을 바라보면서 당부했다.

"알아요, 엄마."

세번은 안 무서운 척하느라 목소리에 힘을 주어 대답했다. 하지만 속으로는 걱정이 되었다.

'길을 잃으면 어떡하지?'

세번 가족은 밀림 어귀에서 안내해 줄 마을 사람들과 만났고, 그들을 따라 덥고 습한 안개 속으로 천천히 걸어 들어갔다. 그곳은 해 질 녘처럼 어둑어둑했는데 드문드문 햇빛이 비쳐 들고 있었다.

길을 가는 도중에 파이아칸이 열매를 매달고 있는 여러 종류의 나무들을 가리켰다. 아빠가 말했다.

"카야포족은 정글 식물들이 어떤 효험을 가졌는지 많이 알고 있어. 현대 의약품 원료 중 3분의 1이 열대 우림에서 나거든. 대단하지 않니?"

"와, 이 거인 개미 좀 봐요!"

갑자기 사리카가 소리쳤다.

"재미난 생물을 정말 귀신같이 찾아내는걸."

아빠가 사리카의 등을 토닥이며 말했다.

세번은 밀림이 내뿜는 강렬한 기운에 머리가 어질어질했다. 밀림은 달콤한 꽃향내와 신선한 공기와 함께 사향 썩는 냄새가 어우러졌고, 마코 앵무새와 진분홍빛의 야생 난초꽃, 보는 방향에 따라 색이 변하는 노랑나비 등 갖가지 색깔로 물들어 있었다. 그리고 꽥꽥거리는 새들과 끽끽대는 원숭이가 세상에서 가장 야생적인 소리를 내고 있었다.

'굉장하다! 여기서 본 걸 토브한테 어떻게 얘기해 주지?'

다음 날, 세번 가족은 지난번과 반대편으로 낚시를 가기로 했다. 한 시간가량 노를 저어 간 뒤 카누를 모래톱에 댔다. 파이아칸이 모래 위에 난 손가락 굵기만 한 자국을 따라가

더니 모래를 파고 조그만 알 하나를 꺼냈다.

"거북 알이다!"

세번이 환호성을 질렀다. 그러고 나서 모래에 난 자국을 찾아 손으로 모래를 팠다.

"나도 하나 찾았어요."

"나도."

사리카가 세번을 따라 소리쳤다.

그 순간 파이아칸이 뭐라고 큰 소리로 외쳤다. 세번은 파이아칸의 날카로운 목소리에 멈칫했다. 세번과 사리카는 모래 파는 데 정신이 팔려 자기들이 어디까지 왔는지도 모르고 있었다.

그때 엄마와 아빠가 놀라서 외치는 소리가 들렸다.

"세번, 사리카! 돌아와."

세번은 숨을 들이쉬고 나서 말했다.

"사리카, 가자!"

두 자매는 카누로 달려갔다.

파이아칸이 모래 언덕 사이에 있는 나무들을 가리키며 무슨 말을 했다. 세번은 파이아칸이 그렇게 심각한 표정을 짓는 걸 본 적이 없었다.

"표범이야."

엄마가 가슴을 쓸어내렸다. 아빠는 세번과 사리카를 재빨리 카누에 태웠다.

"이제 멀리 안 가도록 조심할게요, 아빠."

세번은 떨리는 목소리로 말하면서도 덤불 속에서 표범의 그림자라도 찾으려고 눈을 크게 떴다.

"그래도 표범과 마주치다니 대단하지 않아요?"

그들을 태운 카누는 물살을 따라 이리저리 떠다녔는데, 얼마 후 갑자기 굵고 뜨뜻한 빗방울이 듣기 시작했다. 그러자 파이아칸이 카누를 물가에 댄 뒤 숲속으로 뛰어갔다. 이제 비는 엄청나게 많이 퍼부어서 세번은 숨을 쉴 수가 없을 정도였다. 파이아칸이 커다란 바나나 잎을 따 들고 뛰어오는 걸 보고 세번이 소리쳤다.

"우산이다!"

열대성 폭우가 지나가고 나서, 각자 고기잡이를 할 수 있게 되었다. 누군가 커다란 투쿠나레를 잡자 카누를 뭍에 대고 불을 지폈다. 물고기를 토막 내 바나나 잎에 놓고 그 위에 레몬을 짜고 소금을 뿌린 다음 잘 싸서 불 속에 던져 넣었다.

"배고파 죽겠어요."

세번이 말하자, 어른들이 물고기를 싼 바나나 잎을 끄집어냈다. 세번은 맛있게 쪄진 뜨끈뜨끈한 물고기를 허겁지겁 먹었다. 그야말로 자연 친화적인 일회용 도시락이었다.

숲은 곧 짙은 어둠에 잠겼다. 세번은 마음 깊숙한 곳에서 두려움이 몰려오는 걸 느꼈다. 다시 카누를 타고 돌아 나올 때 아빠가 기슭 쪽을 손전등으로 비췄다.

"저기 눈이 보여!"

사리카가 놀라 소리치며 엄마의 무릎 위로 기어 올라갔다.

"온통 악어 천지군."

아빠가 으스스한 목소리로 말했다. 악어라니! 세번은 무서워서 아빠의 팔을 꽉 움켜잡았다. 조금 있다 카누를 바위에 대고 위로 끌어올리느라 모두 내려야 했을 때, 세번은 더욱 두려움에 떨었다. 그 뒤 일행은 몇 시간 동안 새카만 어둠 속을 걷고 나서야 비로소 눈에 익은 마을 어귀에 다다랐다. 세번은 그제야 안도의 한숨을 내쉬었다.

하지만 해먹으로 가서 누울 때까지 세번은 계속 가슴이 콩닥콩닥 뛰었다. 오늘 하루 동안 겪은 놀라운 일들이 오래도록 머릿속에 맴돌았다.

불길한 조짐

이튿날 아침, 세번은 거북 알 삶은 것을 먹고 싶어 안달이 났다. 드디어 세번이 삶은 알 하나를 입에 쏙 넣었는데, 석회 맛이 났다. 당장 뱉어 내고 싶었지만 이곳 사람들의 마음을 상하게 할 수도 있는 일이기 때문에 그냥 삼켜 버렸다. 그러고 나서 입가심으로 바나나를 먹으려고 손을 뻗었다. 그때 사리카가 맨발을 치켜들면서 말했다.

"엄마, 나 뭐에 찔렸나 봐요."

엄마가 사리카의 발가락 사이 살갗이 조금 찢어진 부분을 살펴보았다.

"아야!"

사리카가 비명을 질렀다. 엄마가 소독된 바늘로 찢어진 부분을 콕 찔렀다. 그런 다음 면봉으로 상처를 소독하고 반창

고를 붙였다.

"이제부터는 운동화를 꼭 신고 다녀. 알았지?"

"알겠어요."

사리카는 냉큼 대답하고서는 친구들과 놀려고 밖으로 달려 나갔다.

"세번, 엄마가 사리카 발바닥에서 뭘 빼냈는지 볼래?"

아빠 손에 통통하게 살찐 벌레가 대롱대롱 매달려 있었다. 세번은 입이 딱 벌어졌다.

"이건 땅바닥에 알을 낳고, 그때 지나가는 포유동물의 몸속에 파고드는 기생충이야."

그때 머리부터 발끝까지 온몸에 진하게 색칠한 여자들이 마을 중앙으로 걸어 들어오는 것을 보고 엄마가 말했다.

"세번, 우린 정말 운이 좋아. 마을에서 사흘 동안 여자들의 축제를 벌인다는구나."

여자들은 한 시간쯤 합창했고, 마을의 집들을 향해 줄지어 서서 춤을 추었다.

그다음 날에는 마을 여자들이 구슬 목걸이를 주렁주렁 달고 깃털 머리 장식을 하고 나타났다. 오에와 타니아도 몸에 색칠을 하고 목걸이 장식을 했는데 아주 다른 사람처럼 보였다. 세번과 사리카는 그들이 노래하고 춤추는 모습을 넋을 잃은 채 바라보았다.

셋째 날에는 여자들이 훨씬 더 거창한 장식으로 치장을 했다. 거대한 깃털 장식을 지탱해 주는 커다란 나무들 같은 것이 머리 위로 우뚝 솟아 있었다. 해가 지기 전에 시작된 춤은 한밤중까지 계속됐다. 하지만 축제의 마법은 바야흐로 사라지고 있었다.

첫 번째 나쁜 조짐은 마을의 어떤 여자가 죽은 사실이 알려지면서 나타났다. 그 여자는 세번 가족이 도착하기 전에 심하게 다쳐 비행기로 병원에 옮겨졌다가 죽은 것이었다. 그러고 나서 얼마 지나지 않아 마을의 노인이 갑자기 죽는 일이 또 생겼다.

세번이 죽은 노인의 오두막 주변을 누가 빗자루로 쓰는 것을 보고 있으니, 엄마가 설명해 주었다.

"죽은 사람의 친척이 그 사람의 영혼을 쓰는 모양이야."

오두막은 슬픔에 젖은 사람들로 꽉 차 있었는데, 죽은 노인의 발이 바깥으로 삐죽 나와 있는 것을 보고 세번은 기겁을 했다. 죽은 사람의 몸을 보는 것이 처음이었기 때문이다.

"죽은 사람을 어떻게 하는 거예요, 아빠?"

"카야포족은 숲속에 사체를 놓아두는 관습이 있어. 밀림 속 짐승의 먹이가 될 수 있게 말이지."

세번은 깜짝 놀랐지만, 가만히 생각해 보았다.

'우리나라에서는 사람이 죽으면 화장하거나, 썩어서 벌레의 먹이가 되도록 땅에 묻지. 하지만 카야포 방식도 무척 자연적인 것 같아. 어떤 문화에 속하든 우리 몸은 결국 땅으로 돌아가는 거야.'

며칠이 지난 어느 날, 한밤에 세번은 고함에 놀라 잠에서 깼다. 잠시 후 총소리가 차가운 공기를 갈랐다. 엄마와 아빠가 해먹에서 일어나 입구 쪽으로 갔다. 파이아칸이 경호원처럼 오두막 바깥에 서 있었다.

"무슨 일이에요?"

"달이 병들었어요."

그는 보름달을 가리키며 말했다.

"그래서 마을 사람들이 모두 겁에 질려 있어요."

'도대체 달이 병들었다는 말이 무슨 뜻일까?'

세번은 어리둥절해서 엄마 아빠가 있는 데로 갔다.

"저길 봐."

아빠가 가리키는 곳을 보니, 커다란 보름달이 갈색과 오렌

지색으로 얼룩져 있었다. 세번과 엄마 아빠는 그게 개기월식이라는 것을 금방 알았다.

파이아칸이 다시 입을 열었다.

"사람들이 달이 건강해지기를 기원하는 노래를 부르고 있어요. 그들은 달이 병든 게 브랑쿠스 탓이라고 생각해요."

세번은 '브랑쿠스'가 백인을 뜻하는 말이라는 것을 알아차렸다. 아마 카야포 사람들은 자신들이 재앙을 가져오는 이방인들과 너무 자주 접촉했기 때문에 이런 일이 일어났다고 생각하는 모양이었다. 엄마가 세번을 가까이 끌어당기면서 파이아칸에게 물었다.

"우리가 여기 있는 게 위험할까요?"

"모르겠어요."

파이아칸이 포르투갈어로 침울하게 대답했다.

"마을 사람들이 곧 조용해질까요?"

엄마가 다시 물었다.

"모르겠어요."

엄마가 돌아서서 아빠와 세번에게 오두막 안으로 들어가자는 손짓을 하며 말했다.

"여보, 걱정스러워요."

"나도 마찬가지예요. 만약에 마을 사람들이 우리가 불길한 징조를 불러들였다고 생각한다면, 여기를 빨리 뜨는 게 좋겠지요. 카야포족은 굉장히 사나워질 수도 있거든요."

세번 가족은 어쩔 도리 없이 모두 잠자리로 돌아갔다. 세번이 다시 잠을 청하려고 했지만, 고함과 총소리가 계속 났다. 세번은 떨지 않으려고 몸을 웅크린 채 생각해 보았다. 카야포족은 이제껏 정말 친절했고 세번 가족이 마치 자기 집에 있는 것처럼 느낄 정도로 편하게 해 주었다. 그래서 세번은 이번 일에 더욱 충격을 받았다. 그들에게 세번 가족은 결국 이 자연생활의 파괴를 상징하는 문명 세계에서 온 이방인일 따름이었다.

난생처음 세번은 자기네 문화에 대해 다시 생각해 봤고, 이곳 아오크레에 있는 것이 옳은지조차 혼란스러웠다. 하지만 무엇보다도 세번을 슬프게 한 것은 소박하고 평화로운 이 여행이 느닷없이 끝나리라는 예감이었다.

연기 기둥

"난 안 갈래."

사리카가 훌쩍거리며 울었다.

"네 마음 알아, 사리카. 하지만 오늘 파이아칸과 아이레크란을 데리러 비행기가 오는데, 우리 생각에는 그들과 같이 가는 게 가장 좋을 것 같아."

엄마가 달랬지만 사리카는 더 크게 울며 소리쳤다.

"싫어. 여기에 있는 게 좋단 말이야!"

세번도 엉엉 울고 싶었다. 어젯밤의 소란은 끝이 났다. 오늘은 마치 간밤에 아무 일도 없었다는 듯 조용했지만, 사람들 사이에 껄끄러운 침묵이 흐르는 것을 느낄 수 있었다.

"자, 가서 짐을 꾸리도록 하자."

아빠가 말했다.

"비행기에 실을 짐은 될 수 있는 대로 줄여야 하니까, 정말 필요한 것이 아니면 모두 여기 두고 가자."

비행기 타는 곳으로 가자, 카야포족 젊은이들이 작별 인사를 하려고 몰려들었다. 엄마 아빠는 손전등과 낚시 도구, 모기장, 구급상자 등 이곳에서 쓸모 있을 것들을 그들에게 건네주었다. 낚시 여행을 같이 갔던 젊은 남자가 세번에게 자기가 만든 깃털 목걸이를 선물로 주었다.

"고마워요."

세번은 참았던 울음을 터뜨렸다. 사리카도 다시 훌쩍이기 시작했다. 곧 모두 소리 내어 우는 바람에 울음바다가 되었다. 마을 사람들은 세번 가족이 여기에 도착했을 때와 똑같이 눈물을 흘리며 큰 소리로 울었다.

비행기에 타고 나서 세번이 아빠에게 물었다.

"마을 사람들도 우리와 헤어지기 싫어 우는 걸까요? 아니면 파이아칸이 떠나서 우는 걸까요?"

"글쎄다, 세번. 카야포족은 우리를 친구로 맞아들였고 잘 대접해 주었어. 하지만 우리 문명 세계가 그들 삶의 터전과 생활 방식에 위협이 된다고 생각해. 우리가 나눠 주고 온 물건들을 생각해 봐. 카야포족은 그런 도구 없이도 잘 살았거든. 그런데 우리가 그런 물건들을 보여 준 게 어쩌면 자신들에 대해 다시 생각하게 했을지도 몰라."

비행기가 이륙했고, 세번은 아빠가 한 말을 곱씹어 보았다. 그 말이 맞았다. 카야포 사람들이 살아가는 데 필요한 것은 모두 그들 손 닿는 곳에 있었다. 아오크레에 머무를 때는 돈 같은 것은 필요 없었다. 세번은 돈이 카야포어로 '더러운 종이'라는 걸 배웠다. 그렇지만 세번이 사는 세계에서 돈은 아주 중요했다. 돈은 사람들을 행복하게 해 주는 것이었다. 하지만 카야포 사람들은 돈 없이도 행복해 보였다.

그러다가 세번은 생각에서 퍼뜩 깨어났다. 저 멀리 초록 숲에서 하얀 연기가 솟아오르는 게 보였기 때문이다.

"엄마, 저기 봐요. 산불이에요."

세번은 캐나다에서 산불이 나면 얼마나 큰 피해를 보는지 알고 있었다. 아오크레에 있는 친구들은 무사할까?

"산불이 아닐 거야."

엄마가 슬픈 얼굴로 말했다.

"사람들이 농사지을 땅을 만들려고 일부러 놓은 불이란다."

세번이 탐험한 열대 우림의 모습, 그러니까 새와 나비, 딱

정벌레, 어마어마한 고목들, 온갖 꽃들과 동물들이 하나하나 눈앞에 떠올랐다. 이 모든 것이 파괴된다고 상상하니 견딜 수가 없었다.

'이건 정말 잘못된 일이야.'

그때 세번은 또 다른 연기 기둥을 보았다. 하나, 또 하나. 세번은 파이아칸을 쳐다봤다. 그는 미간을 찌푸리고 입을 앙다문 채 무거운 침묵 속에 잠겨 있었다.

'파이아칸은 무슨 생각을 하는 걸까? 만약 이게 내 보금자

리라면 어떤 느낌일까? 아주아주 화나고 슬플 것 같아.'
　세번은 생각했다.
　금세 연기가 짙어져 해를 가려 버리더니 비행기 안으로 스며들어 왔다. 사리카가 훌쩍이기 시작했다. 세번은 언젠가 아빠가 찍은 다큐멘터리를 본 것이 기억났다. 나무가 얼마나 중요한지, 나무를 없애는 게 기후 변화에 어떤 영향을 미칠지를 다룬 내용이었다.
　그때는 그걸 머리로만 이해했다. 하지만 세번이 탄 비행기가 연기와 화염 위를 날고 있는 이 순간, 세번은 그걸 몸으로 겪고 있었다. 이게 바로 카야포족이 사는 곳의 현실이었다. 이 한가운데서 그들이 사는 것이다.
　비행기가 착륙한 렌덴상은 아오크레와 견주어 많이 오염되고 지저분해 보였다. 숙소로 가는 길에 세번은 이곳 사람들이 아오크레에 사는 사람들만큼 깨끗하지도, 행복하지도, 풍족해 보이지도 않는다는 걸 느꼈다. 세번은 숙소에 들어간 뒤에도 연기 기둥의 악몽에서 깨어나지 못했다.
　"왜 그래, 세번? 너 울고 있니?"
　엄마가 세번의 이불 속으로 들어오며 말했다.
　"정말 바보 같아요. 일부러 아마존 숲을 불태우는 사람들이 어디 있어요?"

세번이 울분을 터뜨렸다. 엄마는 한숨을 지었다.

"그래, 미친 짓이야. 하지만 브라질 사람들도 너무 힘들어서 그러는 거야. 가난한 농부들이 가족을 먹여 살리기 위해 경작할 땅을 마련하려는 거지."

"그렇지만 카야포족은 어떡하라고요?"

"아마 불을 지른 사람들은 자기들이 한 행동이 다른 사람에게 해가 될 거란 생각을 못 하겠지. 또 어떤 사람들은 원주민은 아무래도 상관없다고 생각할지도 모르고."

"하지만 어떻게 원주민이 사는 숲에 불을 지를 수 있죠? 정부는 뭐 하는 거예요?"

세번은 이제 고함을 지르다시피 했다. 엄마는 아무 말도 하지 않았다. 대답할 말이 없는 게 분명했다. 하긴 누구라도 대답을 못 했을 것이다.

"정말 긴 하루였구나."

엄마가 세번 얼굴을 가린 머리카락을 쓸어 올리며 말했다.

"잠을 좀 청해 보렴. 아오크레에 사는 착한 사람들과 아름다웠던 추억을 생각하면서 말이야."

세번은 가까스로 엄마에게 웃음을 지어 보였다.

세번은 엄마 아빠를 믿었다. 그들은 언제나 세번의 질문에 해답을 가지고 있는 것 같았다. 그래서 세번은 엄마가 "모든 게 잘될 거야."라고 말해 줄 줄 알았다. 하긴 요즘 세상에 어느 부모가 진심으로 그런 말을 할 수 있을까.
  세번의 부모는 어떤 사람이든 노력하면 세상을 바꿀 수 있다고 말하곤 했다.
  "말로만 하지 말고 행동으로 보여 주어라."
  아빠는 늘 이렇게 말했다. 세번은 엄마 아빠가 열대 우림을 보호하기 위해 온 힘을 기울여 일한다는 걸 알았다. 세번도 자기 힘으로 뭔가를 하고 싶었다.
  '세상을 바꾸기 위해 어른이 될 때까지 기다릴 수는 없어. 지금 해야 해.'
  세번은 속으로 다짐했다. 그렇지만 열 살 소녀가 할 수 있는 일이 과연 무엇일까?

첫걸음

"토브, 아오크레는 완전 딴 세상이야!"

세번이 들뜬 목소리로 조잘댔다. 밀림을 탐험한 기억이 개울의 물줄기처럼 계속 이어졌다. 피라냐와 표범, 거북 알, 거인 개미, 앵무새, 진흙 오두막과 해먹, 활과 화살, 전기뱀장어…….

토브는 세번 방 침대 위에 책상다리하고 앉아서 머릿속으로 세번이 말해 주는 광경을 그려 봤다. 하지만 한꺼번에 상상할 수 없을 정도로 이야기가 너무 많았다.

"한번은 지렁이같이 꿈틀대는 벌레가 사리카 발바닥을 뚫고 들어갔지 뭐야."

세번은 잠시 이야기를 멈추고 숨을 골랐다.

"그런데 뭐니 뭐니 해도 가장 좋았던 건 밀림 탐험이었어.

너 진짜 밀림이 어떻게 생겼는지 아니? 꼭 한번 가 봐. 정글이 다 불타서 사라지기 전에 말이야."

갑자기 세번의 말투가 바뀌었다.

토브는 깜짝 놀라 물었다.

"무슨 소리야?"

세번은 이번 여행에서 가장 좋았던 걸 얘기할 작정이었는데, 안 좋았던 이야기까지 튀어나와 버렸다. 불태워지는 밀림 이야기 말이다.

"토브, 난 정말 마음이 아팠어. 그렇게 오래된 나무숲이 망가진다면 다시는 되살릴 수 없을 거야."

세번의 목소리가 높아졌다.

"보금자리를 잃은 채 사라지게 될 동물들은 어떡해? 또 카야포 마을은 어떻게 될까?"

"왜 숲을 불태운다는 거니? 무슨 말인지 모르겠어."

"나도 몰라. 말이 안 되는 얘기야. 아빠가 그러시는데, 페리윙클이라는 식물은 소아 백혈병 치료에 도움을 준대. 소아 백혈병 환자 열 명 중 여덟 명이 이 약초 덕분에 생존율이 높아진다는 거야. 그런데 지금 페리윙클은 야생에서 멸종되었어. 사람들이 밀림을 다 태워 없애면 다시는 암 같은

병을 치료할 수 있는 이런 식물들을 얻지 못하게 될 거야."

"아이들도 그런 바보 같은 짓은 안 할 텐데. 하지만 우린 아직 투표권도 없으니……."

토브가 중얼거렸다.

그런데 세번이 갑자기 밝은 목소리로 말했다.

"아냐, 아이들도 뭔가 할 수 있어. 우리 아빠가 코스타리카에 있는 몬테베르데 운무림에 관한 프로그램을 맡아 방송할 건데 말이야."

세번은 뭔가 궁금해하는 토브의 눈빛을 읽고 덧붙였다.

"운무림은 습기가 많은 열대 우림을 말해. 열세 살짜리 아이가 그 운무림에서 지금까지 어떤 생물학자도 찾아내지 못한 황금 두꺼비를 발견했대. 그래서 과학자들이 알려지지 않은 다른 생물 종이 거기에 또 있나 찾으려고 난리야."

"와, 어린아이가 새로운 생물을 발견했다니 멋진데!"

세번은 늘 그랬듯이 동물이나 식물에 관한 얘기를 하면 토브가 틀림없이 감명을 받을 거라고 생각했다.

"그리고 스웨덴의 어느 초등학교에서는 몬테베르데 숲이 없어질지도 모른다는 소식을 듣고 5학년 아이들이 그 땅 일부를 사서 나무를 함부로 베지 못하도록 했대."

"아이들이 무슨 돈이 있어서 땅을 샀대?"

"처음엔 그 아이들이 모금 행사를 벌였고, 소식을 들은 전 세계 아이들이 돈을 모금해서 땅을 더 많이 사게 되었다는 거야. 그렇게 해서 산 땅은 '어린이들의 영원한 숲'이 되었대. 지금도 세계 곳곳에서 계속 기부금을 보내고 있는데, 우리 아빠 말씀이 아이들도 큰일을 해낼 수 있다는 걸 보여 준 예래."

"우리도 돈을 모을 수 있지 않을까?"

"그렇지! 환경 모임 같은 걸 만들 수도 있을 거야."

"그러면 정말 좋겠다. 우리가 힘을 합치면 정말 뭔가를 이룰 수도 있어."

토브가 침대 위에 벌렁 드러누우며 말했다.

"같이하면 훨씬 재미도 있을 거야."

"뭔가를 만들어서 학교 바자회에서 팔 수도 있겠지?"

"그리고 책도 팔 수 있을 거야."

그렇게 말해 놓고 세번은 언젠가 아빠의 책을 팔았던 기억이 나서 덧붙였다.

"헌책 말이야."

그 순간 선반 위에 놓인 고무찰흙이 세번의 눈에 띄었다.

화려한 색색의 찰흙이 아마존 숲에서 보았던 선명하고 강렬한 색깔을 떠올려 주었다.

"우리가 할 수 있는 일이 생각났어."

9월에 세번은 로드테니슨 초등학교 6학년이 되었다. 새 학년을 시작하는 것은 언제나 긴장되는 일이었다. 세번과 토브는 생기발랄한 여자 친구들과 한데 어울려 다녔다. 아이들은 학교 공부로도 서로 다투었지만 웃기는 데도 뒤지지 않았다. 모여서 함께 수다를 떨고 우스갯소리 하는 걸 좋아했는데, 때로는 말릴 수 없을 정도였다.

점심시간에 세번과 친구들은 방학을 어떻게 보냈는지 얘기하려고 모였다. 미셸이 세번과 토브의 티셔츠에 꽂힌 초록색 바탕에 빨간 점이 박힌 도마뱀 배지를 보고 말했다.

"이거 너무 귀엽다!"

"게코 도마뱀이네. 어디서 났니?"

버네사가 호기심에 가득 찬 표정으로 물었다. 세번은 토브와 함께 고무찰흙으로 만들었다고 설명해 주었다.

"선글라스도 꼈네. 너무 귀엽다."

모건이 키득거렸다. 모건은 무엇이든 엄청 좋아하거나 엄청 싫어하거나 둘 중 하나였다.

"토브와 내가 열대 우림을 살리는 기금을 마련하기 위해 이런 소품을 만들어 팔기로 했거든."

친구들과 다 같이 점심을 먹으면서 세번은 방학 동안 여행 갔다 온 얘기를 했다. 물론 불태워진 밀림 이야기도 했다.

"콜롬비아에서도 열대 우림이 파괴되고 있어. 패스트푸드점에서 쓸 고기 때문이래. 그 많은 가축한테 먹일 사료를 대기 위해 농사를 지으려는 거지."

미셸이 거들었다. 미셸은 남아메리카에 사는 친척을 만나러 콜롬비아에 다녀온 적이 있었다.

"그 얘기 들으니까 채식주의자가 되는 것도 괜찮겠어. 햄버거를 먹지 못하게 하지만 않는다면 말이야."

모건의 말에 미셸이 피식 웃으며 대꾸했다.

"웃기지 좀 마. 진지한 얘기 나누는데."

"내가 게코 도마뱀 만드는 거 도와줄까? 재미도 있겠고, 열대 우림 살리는 일에 도움이 될 수도 있을 테니까."

버네사의 말에 토브와 세번은 눈웃음을 주고받았다. 그런

지급 도마뱀: 도마뱀붙이라고도 불린다.
기온이 따뜻한 지역에서만 사는 파충류다.
어떤 종은 서식지가 점점 좁아져 멸종 위기에 처해 있다.

다음 세번이 말을 꺼냈다.

"그럼 우리 환경 모임에 가입할래?"

"좋아. 아이들도 환경을 위해 할 수 있는 일이 있을 거야."

미셸이 대답했다.

"나도 가입할래. 그런데 모임 이름이 뭐야?"

버네사가 의자를 바짝 끌어당겨 앉으며 물었다. 토브와 세번은 서로 멀뚱히 쳐다봤다.

"이름은 아직 안 지었어."

모건이 머리를 굴리더니, 이렇게 말했다.

"에코 어때?"

세번이 코를 찡그리며 물었다.

"메아리(echo)를 뜻하는 그 '에코' 말이야?"

"내 말은 E-C-O, 그러니까 '환경을 지키는 어린이 모임 (Environmental Children's Organization)'의 줄임말로."

그제야 아이들은 모건의 말을 알아들었다. 아이들은 이름이 무척 마음에 들었다. 세번이 말했다.

"첫 에코 모임은 우리 집에서 하자. 게코 도마뱀을 만들 거야."

세번은 아마존 숲의 연기를 본 뒤로 줄곧 무거웠던 마음이 희망으로 밝아지는 걸 느꼈다. 부모님이 옳았다. 비록 아주 작은 일이더라도 행동으로 옮기는 것이 아무것도 안 하면서 불평만 늘어놓는 것보다 훨씬 낫다! 세번은 이제 막 첫걸음을 내디딘 것이다. 이 걸음이 어디로 이어질지, 또 몇 걸음을 더 가야 할지는 알 수 없었지만, 모험을 함께할 좋은 친구들이 있는 것만으로도 더없는 용기를 얻었다. 그리고 희망도 생겼다.

지구를 그만 못살게 굴어요

"나도 게코 도마뱀 만들고 싶어."

사리카가 뾰로통해서 말했다.

"엄마, 제발 사리카한테 뭐 다른 일 좀 주세요."

세번이 엄마한테 조용히 속삭였다. 세번은 에코 친구들과 학교 바자회에 가져갈 도마뱀 배지를 만들고 있었다.

"왜, 저 코딱지만 한 점은 사리카의 조그만 손으로 더 잘 만들 수 있을 것 같은데?"

모건이 키득거리며 말했다. 그리고 모건은 사리카에게 도마뱀 몸통에 붙일 조그만 점 만드는 법을 가르쳐 주었다.

"사리카가 나보다 더 잘 만들겠는걸? 내가 만든 건 엉망이야. 난 세번이나 토브처럼 예술에 재능이 없어."

미셸이 투덜거렸다.

"이 도마뱀 배지 얼마에 팔면 될까?"

버네사가 물었다.

"1달러 어때?"

모건의 말에 세번이 대꾸했다.

"엄마는 10달러 정도가 어떻겠냐고 하시던데? 가치 있는 일을 하겠다고 하면 사람들이 돈을 많이 낼 거래."

미셸과 모건은 헉하고 소리를 냈다. 10달러면 정말 큰돈이었다.

"그 값을 치르고 살 사람은 아무도 없을걸?"

"하지만 이건 수제품이잖아. 사람들이 우리 아빠가 직접 만든 가구를 비싸게 사는 것처럼 말이야. 예술가가 만든 거니까. 그리고 재룟값도 만만찮게 들었다는 것 잊지 마."

토브가 대꾸했다. 그러자 버네사가 말했다.

"값을 비싸게 매길수록 게코 도마뱀을 덜 만들어도 되겠네."

갑자기 모건이 손을 쳐들고 펄쩍 뛰면서 소리쳤다.

"우리 이 배지를 '에코–게코'라고 부르자!"

그때 갑자기 목에 카메라를 건 사람이 탁자 위로 몸을 기울이며 말을 건넸다. 키가 크고 호리호리한 남자였다.

"어이, 세번. 도마뱀 만드는 공장 차렸나 보다. 근데 너 알지? 어린이 노동력 착취는 인권 위반인 거."

세번이 큭큭 웃으며 그의 손을 탁 쳤다. 세번은 아이들에게 그 남자를 소개했다.

"여긴 우리의 친구, 제프 깁스."

제프는 환경 청년 연맹(EYA : Environmental Youth Alliance)이라는 캐나다 청년 활동가 단체를 조직했다. 그는 학창 시절에 브라질의 대규모 댐 건설과 세번이 사는 브리티시컬럼비아주 벌목 허가에 항의하는 운동을 벌인 적도 있다.

"너희들 환경 동아리를 만들었다며? 제법인데."

제프가 카메라로 사진을 몇 장 찍으면서 말했다.

"우리 단체 사람들한테 소개해 줄게. 필요하면 도움도 줄 수 있어."

아이들은 모두 제프에게 고맙다고 인사했다. 제프가 방을 나가자마자 모건이 조잘댔다.

"너 왜 제프 얘기 우리한테 안 해 줬니? 귀엽게 생겼네."

"정신 차리셔. 그 귀여운 남자는 너한텐 너무 나이가 많은 사람이거든?"

세번이 말했다.

"자, 이제 우리 회의를 시작하자. 내가 기록할게."

아이들은 게코 도마뱀을 만들면서 환경 문제를 더 알아볼 계획을 세우고 있었다.

"학교 바자회 판매대에 놓을 간판은 내가 디자인할게. 그리고 사람들한테 에코가 어떤 단체인지 알려 줄 전단도 만들어야 해."

토브의 말에 버네사가 맞장구를 쳤다.

"좋아. 그런데 우리 단체가 알리고 싶은 메시지는 뭐지?"

세번은 입술을 지그시 깨물고 가만히 생각했다.

"우리가 할 일은 어른들이 지구를 다루는 방식에 대해 아이들이 어떻게 느끼는지를 세상에 알리는 거야. 그 지구가 바로 우리의 지구이기도 하니까."

"맞아. 어른들도 이제 아이들을 한번 생각해 보고, 지구를 그만 못살게 굴어야 해."

모건이 게코 도마뱀의 선글라스를 만지작거리면서 말했다. 이어 버네사가 덧붙였다.

"지구는 하나밖에 없잖아! 그런데 사람들이 얼마나 엉망진창으로 만들어 놨는지 봐!"

미셸도 불만스럽게 말했다.

"어른들은 늘 우리더러 어질러 놓은 것은 스스로 치우라고 말하지. 그러면서 자기들은 그걸 안 지키잖아."

"제프가 도움을 주겠다고 했다니 참 고마운걸."

세번이 방과 후에 환경 청년 연맹에 가도 되냐고 묻자 엄마가 말했다.

"너희에게 정말 훌륭한 멘토가 돼 줄 거야. 목적을 이루기 위해 행동한다는 게 뭔지도 가르쳐 줄 테고."

다음 날 아이들은 세번의 집 근처에 있는 낡은 벽돌집 계단을 걸어 올라갔다. 안에서는 젊은 사람들이 컴퓨터 앞에 앉거나 복사기 앞에 서서 일하고 있었다. 라디오에서는 힙합 음악이 요란하게 울려 나왔다. 제프가 그 사람들 중 몇 명을 소개했다.

"여기는 더그 레이건이야. 우리 단체의 운영을 담당하고 있지."

더그는 따뜻하고 인상 좋은 사람이었다.

"우리는 사람들의 인식을 깨우치는 게 무엇보다 중요하다고 생각해."

책자를 몇 권 나눠 주면서 더그가 말했다.

"우리 단체에서는 청소년에게 환경 문제를 교육하는 프로그램을 운영하고 있어."

"저희도 이런 걸 만들 수 있을까요?"

환경 청년 연맹에서 펴낸 소식지를 스르륵 넘기면서 토브가 물었다.

"우리도 할 수 있겠지, 물론."

언제나 새로운 일을 하고 싶어 하는 버네사가 끼어들었다.

"소식지를 어떻게 만드는지 가르쳐 줄게. 그리고 인쇄하는 것도 도와줄 수 있어."

더그가 말했다.

"와, 제가 진짜 기자가 될 수 있다는 말인가요?"

모건이 물었다. 그러고 나서 덧붙였다.

"유명해지고 돈도 벌고. 하고 싶어 진짜."

"돈 얘기가 나와서 말인데, 우리가 어떻게 인쇄 비용을 감당하죠?"

버네사의 물음에 더그가 대답했다.

"그건 문제없어. 우리한테도 청소년 활동 지원금이 어느 정도 있고, 또 너희들이 신용 조합에 환경 보호 활동 기금을 보조해 달라고 신청하겠다면 도와줄 수도 있어. 그동안 너희들은 에코 소식지 1호에 실을 기사의 주제나 생각해 놓는 게 좋겠다."

"오존 구멍에 관한 건 어때요?"

미셸이 벽에 붙어 있는 '햇볕은 우리의 권리'라는 포스터를 보고 퍼뜩 생각이 떠올라 말했다.

"좋은 생각이야. 우리도 이 문제를 중요하게 생각하고 있어. 해변에서 일광욕하는 사람들에게 오존 파괴가 얼마나 심각한지 알려 주는 해변 걷기 행사도 열 계획이야."

더그는 세번 일행과 문 쪽으로 걸어가면서 자세히 설명해 주었다. 아이들은 진지하면서도 자신들을 존중해 주는 더그의 태도에 흐뭇해하며 귀를 기울였다.

"너희들이 기사를 다 쓰면 소식지 만드는 걸 도와줄게."

"정말 고마워요."

세번이 인사했다. 더그와 제프의 친절함이 사기를 북돋아 주었다. 지금 이 순간만큼은 무슨 일이든 해낼 수 있을 것 같았다.

멸종 위기의 사람들

　세번 가족은 그해 겨울에 제프의 소개로 말레이시아에서 가장 큰 섬인 보르네오섬에 있는 사라와크 밀림을 지키는 일에 참여하게 되었다.

　세번은 보르네오섬에서 온 두 원주민의 연설을 듣고 깊은 감명을 받았다. 그들은 국제적 기업의 횡포로 고향에서 내몰렸다고 했다. 여러 기업들이 숲을 마구 개발하는 바람에 땅을 잃어 양식이 모자라고 식수도 오염되었다는 것이다.

　그것은 캐나다와 남아메리카, 오스트레일리아에서 세번이 만난 원주민들이 겪은 일과 비슷했다. 그들은 모두 현대 문명에 삼켜질 위기에 놓인 자신들의 땅과 생활 방식을 지키기 위해 싸우고 있었다.

　세번은 오랜 세월에 걸쳐 이루어진 각 민족의 다양하고 풍요로운 문화가 사라진 세계를 상상할 수가 없었다. 원주민의 연설을 들으면서 세번은 멸종 위기에 놓인 동물들과 마찬가지로 어떤 민족과 그 민족의 문화가 통째로 사라질 수도 있다는 것을 확실히 깨달았다.

아빠가 세번의 마음을 알아챈 것 같았다.

"저 사람들이 위태로운 현실을 세상에 알리고 다니는 걸 정부에서 알게 된다면, 저들이 다시 고향으로 돌아가는 게 위험할 수도 있어."

세번은 파이아칸을 생각했다. 그리고 비행기에서 내려다본 브라질의 오염된 강을 떠올려 보았다.

"불공평해요. 부유한 나라에서는 깨끗한 물을 쓸 수 있잖아요. 사람이라면 모두 똑같은 권리를 가져야 하는 거 아닌가요?"

"깨끗한 물은 인간의 기본 권리이지만 잘 지켜지지 않는 게 사실이야. 특히 가난한 나라에서는 더 그렇지."

엄마가 말했다.

"우리 에코 모임이 보르네오섬에 있는 사람들을 도울 수 있을까요?"

"그럼, 물론이지. 그 사람들은 깨끗한 물이 꼭 필요하거든. 기금을 모아 정수 장치를 사 보내는 건 어떨까?"
"정말 좋은 생각이에요! 틀림없이 에코 친구들도 좋아할 거예요."

🌱🌱🌱

"지금부터 에코 모임을 시작합니다."
미셸이 개회를 선언했다.
세번은 첫 번째 안건으로 보르네오섬에 사는 페난족 사람들에 관해 이야기하고 나서, 정수 장치 마련을 위한 기금 모금에 찬성하는지 물어보았다.
"그 사람들이 몇 달 뒤 밴쿠버를 거쳐 가는데 그때 우리가 모은 돈을 전해 주면 될 것 같아."
아이들의 얼굴이 환해졌다.
"에코의 첫 모금이구나."
토브가 소리쳤다. 그러자 모건이 익살스럽게 말했다.
"기금만 모을 게 아니라 재미있게 좀 하자고."
"자, 찬성하는 사람은 들고 있는 과자를 올려 주세요."
미셸이 말했다. 다섯 개의 손이 한꺼번에 올라갔다.

"안건이 통과되었습니다. 이제 에코 소식지 1호에 실을 기사를 얼마나 준비해 왔는지 볼까요?"

토브와 세번이 직접 그린 짤막한 만화를 보여 주었다.

"너희 진짜 대단하구나."

버네사가 놀라워하며 고개를 절레절레 흔들었다.

"내가 조사해 온 걸 읽어 볼게."

미셸이 종이 몇 장을 펴면서 말했다.

"프레온 가스(CFC)란 무엇인가? 평소 우리는 별생각 없이 냉장고를 열고, 에어컨을 틀고, 스티로폼으로 만든 일회용 컵을 쓴다. 그런데 이런 것 하나하나에 프레온 가스가 들어간다는 사실을 아는가?"

미셸의 말은 프레온 가스가 오존층까지 올라가게 되는데, 오존층은 태양의 해로운 자외선으로부터 우리 대기를 지켜 주는 막이라는 내용으로 이어졌다.

"그런데 우리가 쓰는 프레온 가스 때문에 오존층에 이미 남극 대륙만 한 구멍이 났다는 거 아니겠어!"

미셸이 손으로 탁자를 치며 말했다.

"과학자들이 이 사실을 밝혀냈는데도 왜 사람들은 프레온 가스를 계속 쓰는 걸까? 뇌가 없는 거 아니야?"

토브가 자기 머리를 톡톡 치며 말했다.

"이 구멍은 매일매일 커져만 가는데 사람들은 마치 언제라도 마음만 먹으면 고칠 수 있다는 듯이 산단 말이지."

미셸이 고개를 가로저으며 투덜거렸다.

"과학자들도 어찌하면 좋을지 모르는 게 많아. 예를 들면 멸종된 동물을 되살리는 방법 같은 것 말이야."

버네사의 말에 토브도 한마디 거들었다.

"사막을 살리는 방법도."

"자기가 망친 걸 고칠 줄 모르는데도 왜 사람들이 그걸 망가뜨리게 놔두는 거지? 그러고서도 처벌을 안 받는다니!"

모건은 냅다 고함을 질렀다.

"어린애가 그랬다면 벌 받았을 거야!"

세번은 가슴이 쿵쿵 뛰는 것을 느끼면서 다음 안건으로 넘어가기로 했다.

"로비쇼 선생님이 내가 달고 있는 게코 도마뱀 배지를 보고 물어보시길래 우리 에코 모임에 관해 말씀드렸어. 그랬더니 학교에서 열대 우림을 주제로 발표해 줄 수 있겠냐고 하셨어."

"좋아!"

아이들은 모두 환호성을 질렀다. 아니, 토브만 빼고.
"전교생 앞에서 발표한다고? 글쎄, 난 떨려서……."
토브가 손가락으로 금발 머리를 만지작거리며 말했다. 토브는 사실 에코 모임에서 가장 수줍음이 많은 친구였다.
"우리 다 같이 발표할 거니까 걱정하지 마."
세번은 토브에게 격려의 눈빛을 보냈다.

그다음 주, 400명의 학생이 강당에 모인 가운데 에코 친구들이 앞쪽에 의자를 놓고 앉았다. 먼저 버네사가 나와 에코 모임을 소개했다. 다음은 미셸이 지구의 물이 순환되는 데 열대 우림이 얼마나 중요한 역할을 하는지 이야기했다. 다음 차례는 모건이었다.
"친애하는 아카데미 회원 여러분, 저에게 오스카상을 주신 것에 대해 뭐라고 감사의 말씀을……. 애고, 이게 아닌데!"
강당을 한바탕 웃음판으로 만들고 난 뒤, 모건은 산성비와 오존층에 관해 이야기했다.
토브 차례가 되었을 때 에코 친구들은 모두 마음속으로 토브를 응원했다. 그 자리에 서기까지 얼마나 큰 용기가 필요했는지 알고 있었기 때문이다. 토브는 조용한 목소리로 얘기했다.

"지금 열대 우림은, 미래에 대한 아무런 생각 없이 나무를 잘라내고 광물을 캐내는 사람들 때문에 파괴되고 있습니다."

마지막으로 세번이 나와서 발표를 했다.

"이제부터 여러분은 제가 여행했던 아마존 밀림의 사진을 보게 될 것입니다. 아마존 여행을 하고 난 뒤 저는 환경을 지키기 위해 뭔가 해야겠다고 생각하게 되었습니다."

세번은 사라와크 밀림의 사진 슬라이드도 보여 주었다. 그리고 에코 친구들이 보르네오섬에 정수 장치를 보내려고 모금하고 있다는 말로 끝을 맺었다. 강당이 떠나갈 듯 박수갈채가 쏟아졌다.

학생들이 모두 강당을 빠져나간 뒤 교장 선생님이 말했다.

"잘했다. 사람들 앞에서 말하는 데 다들 재능이 있구나."

교실로 걸어 들어가면서 세번이 토브에게 말했다.

"거봐, 토브. 너도 사람들 앞에서 발표할 수 있잖아."

"하지만 난 너무 떨렸어, 세번."

"나도 겁났어. 아는 사람들 앞에서, 특히 친구들 앞에서 발표한다는 게 좀 이상하더라. 그래도 계속하다 보면 나아진다고 우리 엄마가 그랬어."

"아니, 난 힘들 것 같아. 넌 텔레비전에도 나와 봤잖아. 난 백만 년 연습한다 해도 못할 거야. 계속 이렇게 연설해야 한다면 난 에코를 그만둬야 할 것 같아."

기어들어 가는 목소리로 토브가 말했다.

"연설 말고도 할 일은 엄청 많아. 우리 엄마가 그러는데, 누구나 하나씩은 재능을 갖고 태어난대. 넌 예술적인 재능도 있고, 뭐든 열심히 하고, 또 자연을 사랑하잖아. 그거면 충분해."

좋은 목적을 가지고 일하는 것은 작은 돌멩이를 물에 던지는 것과 같아서, 에코가 전한 메시지는 금세 물결처럼 퍼져 나갔다. 에코 회원들은 여기저기에서 발표를 하고, 책을 팔거나 게코 도마뱀 배지와 과자를 만들어 팔아서 돈을 모았다. 페난족 사람들이 밴쿠버에 도착할 무렵 에코 회원들이 모금한 돈은 수백 달러나 되었다.

보르네오섬에서 온 두 원주민은 환송 행사에서 에코 회원들을 만났다. 그들은 페난족 사람들에게 관심과 애정을 보여 준 아이들에게 고마움을 표시했다. 그들에게 기금을 전달하면서, 세번은 아빠가 한 말을 다시 한번 떠올렸다.
'말로만 하지 말고 행동으로 보여 줘라.'
지구 반대편에 사는 페난족 아이들의 삶을 바꾸는 일에 실제로 도움을 줬다고 생각하니 정말 흐뭇했다.

가망 없어

    봄비가 내리고 있었다. 세번은 자동차 와이퍼가 왔다 갔다 하는 소리에 졸음이 쏟아지는 걸 참을 수가 없었다. 뒷자리에 함께 앉은 사리카도 꾸벅꾸벅 졸고 있었다.
    "여보, 최근에 파이아칸한테서 연락받은 적 있어요?"
    엄마가 아빠에게 물었다. 세번은 2년 전에 오에와 타니아와 함께 이 길을 달려 쿠아드라섬에 갔던 일이 생각났다.
    "아뇨. 그런데 내년에 브라질 리우데자네이루(리우)에서 열리는 지구 정상 회의에 파이아칸이 참석할지도 모르겠어요. 세계 지도자들이 다 모이는 가장 큰 회의라지요, 아마? 20년 전보다 훨씬 규모가 클 거라고 하더군요."
    "지구 정상 회의가 뭔데요?"
    세번이 똑바로 앉으며 물었다.

"각국 정상과 교섭 단체가 모여서 환경 문제를 어떻게 해결해 나갈 것인지 논의하는 거야."

아빠가 설명하고 나서 덧붙였다.

"다 괜한 짓이야. 실속 없이 구실만 내세워 모이는 거지."

"그래도 여보, 희망을 가져야지요. 지도자들이 이런 문제점에 대해 상의하고 해답을 찾아야 하잖아요."

"두 분은 거기 가실 건가요?"

"아마 안 갈 거야. 그런 대규모 행사는 내키지 않아. 사람들이 모여서 같은 말만 되풀이하잖아. 그러면 아무것도 바뀌지 않아."

아빠가 고개를 저으면서 말했다.

"내가 맨날 하는 말이지만, 행동으로 보여 줘야지……."

"말로만 하지 말고."

세번이 아빠의 말을 받아서 말했다. 그러고 나서 다시 물었다.

"아이들도 회의에 갈 수 있대요?"

"글쎄, 모르겠는데. 왜?"

엄마가 물었다.

"제 생각에는 거기 모여서 중요한 결정을 하는 사람들이 아이들을 염두에 두지 않을 것 같으니까요. 에코 친구들이 참석할 수 있다면 거기 모인 사람들에게 한 번쯤 우리 아이들의 미래를 생각해 보도록 만들 텐데요."

"네 말이 맞아."

세번의 말에 엄마가 맞장구를 쳤다.

"나도 이해가 안 돼. 어쩜 정치인들은 하나같이 미래를 생각하지 못한다니? 부모들도 마찬가지야. 자식들을 사랑한다면서 말이지."

"그러니까요. 왜 사랑하는 걸 행동으로 보여 주지 못하죠?"

'행동은 말보다 강하다.'라는 말도 아빠가 자주 인용하는 문구였다.

"네가 환경 보호를 위해 돕겠다는 뜻은 잘 알겠다만, 지구 정상 회의에 가는 건 말도 안 되는 생각이야. 그건 수많은 사람이 덥고 오염된 도시에 모여서 벌이는 거대한 서커스나 마찬가지라고. 게다가 거기에 들어가는 비용은 또 얼만데."

아빠의 말이 채 끝나기도 전에 사리카가 갑자기 날카롭게 소리쳤다.

"맞아, 언니. 우린 지구를 구할 수 없어. 가망이 없다고."

아빠와 엄마는 서로 힐끗 쳐다보더니 오랫동안 말이 없었다. 세번은 눈앞에 먹구름이 잔뜩 낀 것처럼 무거운 기분이었다.

잠시 뒤 엄마가 조용히 입을 열었다.

"사리카, 네가 가망 없다고 느낀다니 엄마 마음이 몹시 아프다. 엄마와 아빠가 너희들 앞에서 말하는 걸 좀 더 조심해야겠구나. 그리고 세번, 넌 지구의 미래에 대한 걱정을 너무 많이 하는 것 같아. 이건 아니지 않니?"

"아니고말고. 너희 엄마와 내가 너만 한 나이였을 때는 이런 걱정은 전혀 하지 않았어."

아빠의 목소리가 한결 부드러워졌다.

"어린 시절은 한 번뿐이야. 그리고 금방 어른이 되어 버릴 텐데. 아이 때는 아이처럼 놀아야지."

엄마가 말했다. 아빠도 고개를 돌려 세번에게 웃음을 지어 보였다.

"우리는 네가 에코 일을 하는 게 무척 자랑스럽단다. 하지만 너무 근심을 끌어안고 있지는 마. 이런 문제는 어른들이 책임지도록 내버려 둬."

세번은 자동차 좌석 깊숙이 몸을 파묻으면서 속으로 투덜댔다.

'어른들한테 맡겨 두라고? 문제는 어른들인데! 어른들은 자기들이 넘겨준 쓰레기 더미 속에서 우리가 살아야 한다는 걸 모르는 것일까?'

세번은 차창에 부딪히는 빗방울을 따라 손가락을 움직이면서 생각했다.

'아니, 가망 없는 게 아닐 수도 있어. 어쩌면 리우로 갈 기금을 모을 방법이 있을지도 모르잖아.'

세번은 다음번 에코 모임에서 이 문제를 의논해 보기로 했다. 친구들은 지구 정상 회의에 갈 수 있다고 생각할지도 모른다. 아마도 그럴 것이다.

"세번, 그건 내가 들은 이야기 중 가장 바보 같은 생각이야. 말도 안 돼. 불가능하다고!"

모건이 말했다. 세번은 '불가능'이라는 말이 싫었다.

"아니, 가능해. 우리가 페난족을 위한 정수 장치 기금으로 수백 달러를 모았던 걸 생각해 봐."

"하지만 리우행 비행기표를 사려면 수천 달러는 있어야 할 거야."

버네사가 눈썹을 치켜세우며 말했다. 이어 미셸이 한숨을 쉬면서 말했다.

"도대체 게코 도마뱀을 몇 개나 팔아야 하는지 생각해 봤니? 그렇게 많이는 우리가 만들 수도 없을걸?"

"하지만 만드는 속도가 빨라지고 있는 건 사실이잖아."

토브가 말했다. 조각들을 한꺼번에 붙이는 새로운 조립 방법을 알아낸 것이다.

그러자 버네사도 한마디 덧붙였다.

"그리고 지구 정상 회의까지는 아직 1년도 더 남았지."

"긍정적으로 생각하자. 그래, 우리는 할 수 있어!"

세번이 두 손을 들어 '파이팅'을 외쳤다.

"글쎄? 너 좀 미친 것 같다, 세번. 근데 나도 원래 미치는 거 좋아한다는 거 아니?"

모건이 이렇게 말하면서 킥킥대자, 세번이 대꾸했다.

"그래. 난 또 원하는 게 있으면 고집스럽게 매달리거든. 그러니까 이 미친 생각을 실현할 수도 있을 거야."

어른들에게 양심이란

"사리카, 우리 오두막까지 누가 빨리 가나 경주하자."

세번이 블랙베리를 모은 양동이를 덤불 사이로 흔들며 말했다. 두 자매는 이제 며칠 남지 않은 여름 방학을 재밌게 보내고 있었다. 머지않아 사리카는 3학년이 될 것이고, 세번은 7학년이 될 것이다.

"내가 이겼다!"

부엌으로 뛰어 들어가며 세번이 외쳤다.

세번은 양동이를 개수대에 퐁당 담갔다. 그제야 세번은 손님이 식탁에 앉아 책 읽기에 열중하고 있는 모습이 눈에 들어왔다.

"죄송해요, 톰킨스 아저씨. 방해할 생각은 없었어요."

"괜찮아, 괜찮아. 그런데 그거 맛있어 보인다."

세번은 블랙베리 몇 개를 씻어서 더그 톰킨스 씨한테 가져다주었다. 그때 갑자기 어떤 생각이 세번의 머리를 스쳤다. 세번이 알기로 톰킨스 씨는 엄청난 부자였다. 전용 수상 비행기를 타고 다니는 것도 그렇지만 세번 부모님이 재단을 설립하는 데 도움을 주고 있는 것만 봐도 알 수 있었다.

"음…… 고마워. 햇볕의 입맞춤을 받은 야생 딸기보다 더 달콤한 건 세상에 없지."

세번은 숨을 한 번 크게 들이마신 다음 하고 싶은 말을 쏟아 냈다.

"아저씨가 환경 단체를 지원해 주신다면서요? 진짜 멋진 것 같아요. 저하고 제 친구들이 환경 동아리를 하나 만들었는데요."

"정말이니? 그 얘기 좀 해 봐라."

세번이 에코 모임에서는 열대 우림을 구하는 데 관심 있다고 이야기하자, 톰킨스 씨는 귀를 기울였다.

"사실 내 계획 중 하나가 넓은 야생 지대를 사서 나무를 함부로 베어 내지 못하도록 보호하는 거야."

"'어린이들의 영원한 숲' 같은 거 말이죠?"

세번은 어른스러워 보이려고 목소리를 가다듬고 나서 말

을 이었다.

"우리의 큰 꿈은 국제회의에 참가하는 거예요. 지도자들이 모여 지구의 미래에 대해 중요한 결정을 내리는 곳 말이에요. 거기 가서 어른들에게 양심을 일깨워 주고 싶어요."

"바로 그거야. 나는 그런 진취적인 계획에 투자하고 싶거든."

톰킨스 씨가 자기 명함을 건넸다.

"나한테 너희들 계획을 자세히 써서 보내 주렴."

"고맙습니다."

세번은 명함을 받은 것만으로도 어른이 된 것 같았다. 세번은 이 얘기를 부모님께 할까 말까 망설였다. 엄마 아빠는 아직 에코가 리우에 갈 생각을 하고 있다는 걸 모른다. 혹시 반대하면 어떡하나? 마음속 목소리가 말했다.

'아니, 말하지 마. 적어도 아직은 아니야.'

다음번 에코 회의는 버네사의 집에서 했는데, 세번이 톰킨스 씨한테 편지 쓰는 것에 대해 얘기를 꺼냈다.

"톰킨스 아저씨한테 왜 아이들이 지구 정상 회의에 가는 것이 중요한지 설명해야 해. 내가 받아 적을게."

"친애하는 톰킨스 씨께. 좋은 말로 할 때 돈 내놓으시죠! 그러지 않으면……."

모건이 조폭 같은 목소리로 말했다.

"장난 좀 치지 마."

버네사가 터져 나오는 웃음을 참으며 말했다. 일단 웃음이 터지면 편지 쓰는 건 시작도 못 할 게 뻔하기 때문이었다.

"무엇보다 어른들에게 사는 방식을 바꾸지 않으면 무엇이 위태로워질지 알려 주고 싶어."

"좋아. 우리가 우리의 미래를 잃을까 봐 걱정한다고 적어."

미셸이 맞장구를 치자, 토브도 한마디 거들었다.

"맞아. 미래를 잃는 건 돈을 잃거나 선거에서 지는 것보다 훨씬 심각한 일이라고 덧붙여. 어른들이 우리 아이들을 더 생각해야 한다고 말이지."

"그런데 사실 어른들이 왜 우리 생각을 하겠니? 그건 우리 미래지, 자기들 미래가 아니잖아."

모건이 사납게 말했다. 세번이 연필을 내려놓으며 말을 이었다.

"이렇게 쓰자. 우리는 우리 자식들이 미래에 고래와 북극곰, 열대 우림을 직접 볼 수 있기를 바란다고. 이런 것들이 멸종되어 버려서 역사책 속에서나 보게 되는 걸 바라지 않는다고."

"공기나 물이 오염되기를 바라지 않는다는 것도 써야지. 어른들이 지구를 엉망으로 만들어서 우리가 화나 있다는 걸 알려 주자. 우리는 지도자들에게 우리의 생각을 전하고 싶다고 말이야."

토브의 말에 세번이 소리를 꽥 질렀다.

"잠깐만! 좀 천천히 말해. 더 빨리 쓸 수는 없단 말이야."

"그리고 우리도 모금을 더 할 거지만 톰킨스 씨가 보태 주면 정말 도움이 많이 될 거라고 써. 부탁한다는 말과 고맙다는 말도 많이 넣어. 평화, 스마일, 하트 뽕뽕도 그려 넣고."

버네사가 말했다.

토브가 공책에다 뭔가를 끄적이면서 말했다.

"내 생각인데, 톰킨스 씨가 도와준다 해도 리우에 가려면 기금을 더 많이 모아야 할 거야. 아주 많이. 여태껏 우리가 모은 건 양동이 속 물 한 방울밖에 안 될걸. 이게 정말 가능하긴 한 거니, 세번?"

"물론 가능하지. 톰킨스 씨가 우릴 믿어 주고 다른 사람들도 그렇게 믿어 준다면."

"얘들아, 우리 제프 깁스한테 물어보는 게 어때? 우리를 도와주겠다고 했잖아."

모건이 제안했다.

"오 제프, 도와주세요! 도와주세요!"

미셸이 만화 주인공 목소리를 흉내 내며 말했다.

"네가 왜 제프 얘길 꺼낸 건지 알겠다."

그러자 모건이 소리를 지르면서 베개로 미셸을 때렸다.

"좋은 생각이야. 다음번에 우리가 환경 청년 연맹 본부에서 회의할 때 제프에게 물어보자."

세번이 이어서 말했다.

"야, 너희들 베개 싸움 좀 그만하지. 해야 할 일이 많잖아."

그날 밤 세번은 쉽게 잠들지 못하고 뒤척였다. 크고 작은 걱정들이 태양 주위를 도는 행성처럼 머릿속을 맴돌았다.

어느 순간 편지에 쓸 내용이 머리에 떠오르는가 하면, 다음 순간에는 다섯 명의 아이들이 어떻게 수천 달러를 모금할 수 있을지 걱정스러워졌다. 톰킨스 씨가 세계 여행을 떠나고 없을지도 모른다는 생각에 불안해지기도 했다. 또는 기부금을 보내 줬는데 다시 돌려보내야 하는 사정이 생길지도 모르는 일이었다.

　게다가 또 다른 걱정이 세번의 머릿속을 어지럽혔다. 우리가 모은 돈이 얼마 안 된다고 한 토브의 말 때문이었다. '양동이 속의 물 한 방울밖에 안 된다.' 그건 어떤 행동이 전혀 도움이 안 됐을 때 아빠가 하는 말이기도 했다.

　그러다가 세번은 문득 옛날 일이 떠올랐다. 어느 해 여름 쿠아드라섬에 가뭄이 들어 물을 아껴 써야 했을 때였다. 부엌의 수도꼭지가 한 방울씩 새서 양동이를 받쳐 두었는데 얼마 후에 가 보니까 양동이가 거의 차 있었다. 그 한 방울 한 방울이 금세 양동이를 채웠듯이, 우리가 조금씩 모은 노력으로 결국 세상을 바꿀 수도 있을 것이다.

벌거숭이 임금님

몇 주 뒤 환경 청년 연맹 본부에서 에코 모임이 있었다.

"너희들의 따끈따끈한 첫 소식지야. 방금 나왔어."

더그가 에코 소식지를 한 묶음 가지고 와서 아이들에게 한 부씩 나눠 주며 말했다.

"우아, 정말 멋져."

미셸이 소식지를 넘겨 보며 환성을 질렀다.

"난 이제 기자다!"

모건이 인쇄된 자기 이름을 가리키며 말했다.

"몇 부는 교장 선생님께 가져다 드려야겠어. 다른 학교에도 나눠 주시겠다고 했거든."

버네사가 말했다. 아이들은 저마다 감탄하느라 정신이 없었다. 세번은 제프와 더그에게 에코 회원들이 지구 정상 회의에 갈 꿈을 가지고 있다고 말했다.

"멋진 생각인데? 우리도 그 회의에 대표를 파견하려고 생각하고 있어."

제프가 말했다. 그러자 모건이 물었다.

"돈다발을 만들 수 있는 좋은 방법이 없을까요? 게코를 더 만들 생각만 해도 신물이 나요."

"금전적인 도움을 줄 만한 신용 조합을 알고 있어. 면담 약속을 한번 잡아 볼게."

더그가 전화기를 들면서 말했다.

"페난족을 위해 모금할 때 우리는 큰 자선 행사를 열었어. 그래서 많은 사람들한테 기부를 받을 수 있었지."

제프가 말했다.

"아이들도 그런 자선 행사를 할 수 있을까요?"

미셸이 의심스럽다는 듯 눈을 크게 뜨고 물었다.

"왜 안 돼? 방법이 있을 거야."

버네사가 간절한 목소리로 말했다.

"우리 부모님도 틀림없이 도와주실 거야."

토브가 거들었다. 세번도 맞장구를 치려다가 부모님이 아직 에코의 계획에 대해 아무것도 모른다는 사실을 떠올리고는 입을 다물고 말았다. 엄마 아빠한테 말하고 싶었지만 줄곧 기회가 닿지 않았다.

세번은 또 다른 걱정이 떠올랐다. 아직 톰킨스 씨한테서 아무런 답장이 없었던 거다. 세번은 가슴이 철렁 내려앉았다. 갑자기 의심이 확 덮쳐 왔다. 꿈이 실현될 가능성이 점점 줄어드는 것 같았다. 세번은 에코 친구들과 함께 리우로 가려면 부모님의 도움이 필요하다는 걸 깨달았다.

"저녁 먹으러 집에 가야겠다."

세번은 불쑥 말을 내뱉고 억지로 웃어 보였다.

집으로 가는 내내 세번은 부모님께 할 말을 연습했다.

저녁 식사 자리에서 세번은 신용 조합 얘기부터 꺼냈다.

"더그가 우리가 모은 기부금을 넣어 놓을 은행 계좌를 만들게 도와준댔……."

"참, 더그라니까 생각났는데 말이야."

아빠가 눈썹을 치켜세우며 끼어들었다.

"이 편지, 더그 톰킨스 씨가 너한테 보낸 거더구나."

"편지가 왔어요?"

세번은 소리를 지르며 와락 봉투를 찢었다.

"엄마 아빠, 보세요!"

세번은 수표를 흔들며 으스댔다.

"1000달러! 맙소사, 더그 톰킨스 씨가? 세상에······."

아빠의 입이 떡 벌어졌다.

"톰킨스 씨는 에코가 지구 정상 회의에 참가하는 게 미친 생각이 아니래요. 들어 보세요."

세번이 편지를 읽어 내려갔다.

"나는 아이들도 자기들 미래 같은 중요한 일에 대해 발언할 수 있어야 한다고 생각합니다."

편지를 다 읽고 나서 세번은 입술을 깨물며 부모님의 표정을 살폈다. 에코 친구들이 톰킨스 씨에게 편지를 썼다는 얘기를 듣고 나서 엄마가 말했다.

"너희들 참, 리우에 가고 싶다고 했지. 까마득히 잊고 있었네."

"나도 잊고 있었어."

아빠가 세번의 어깨에 두 손을 얹은 채 세번을 똑바로 바라보았다. 세번도 꼿꼿하게 서서 아빠의 눈을 쳐다보며 마음을 다잡았다.

"세번, 난 너희들이 스스로 편지를 썼다는 게 놀랍구나."

아빠가 웃으며 말했다. 세번은 믿을 수 없어 눈을 깜박였다. 아빠가 고개를 끄덕이며 덧붙였다.

"정말 감동적인걸? 자랑스럽다, 우리 딸!"

세번은 부모님의 눈빛에서 에코의 계획에 대해 진지하게 생각하고 있다는 걸 알아차렸다.

"세번이 정말 옳은지도 몰라요, 여보. 아이들이 지도자들에게 그들이 결정하려는 일이 장기적으로 어떤 영향을 미칠지 말한다면, 사람들이 오히려 귀를 기울일 수도 있어요. 마치 '임금님은 벌거숭이'라고 외쳤던 동화 속 아이처럼 말이에요."

세번은 가슴이 세차게 뛰는 걸 느낄 수 있었다.

"음, 내 생각에는 우리가 너희 보호자로 리우에 가야 하지 않을까 싶……."

"야호!"

아빠가 말을 마치기도 전에 세번이 소리를 질렀다.

"정말 도와주실 거예요?"

"달리 방법이 있나?"

아빠가 얼굴을 찡그리며 웃었다.

다음 날 엄마는 리우 여행 계획을 의논하려고 가족회의를 열었다.

"여비를 대략 계산해 봤는데 말이야."

엄마는 언제나 가족 여행 계획을 담당했다.

"호텔 비용은 아파트를 빌리는 것으로 아낄 수 있어. 그래도 여행 경비가 만만치 않을 거야. 1만 5000달러 이상 들 것 같아. 이게 얼마만 한 돈인지 상상할 수 있겠니?"

"알아요."

세번은 제법 진지하게 대답했지만, 입가에 번지는 미소를 숨길 수 없었다. 엄마가 도와주니까 이제 몸만 쭉 뻗으면 손끝에 꿈이 닿을 것 같았다. 엄마는 무슨 일이든 이루어 내는 사람이니까!

"실제로 몇 명이나 갈 수 있을지도 생각해 봤어. 사리카도 데려가야 하니까 에코 친구들이 다 갈 수는 없겠어."

아빠가 그렇게 말하고 나서 덧붙였다.

"회의장에는 몇만 명이 북적거릴 테고, 리우라는 도시가 그다지 안전한 곳은 아니야. 엄마 아빠가 줄곧 곁에서 너희들을 잘 보살펴야 해. 그러니 어떻게든 기금을 더 많이 모아 한두 명을 더 데리고 간다고 해도 어른 보호자가 한 명 더 필요할 거야."

세번은 가슴이 쿵 내려앉았다. 당연히 에코 회원 모두가 참가하는 것을 꿈꿨기 때문이다. 그들은 모두 한 팀으로, 함께 발표를 해 왔고 연설문도 함께 썼다. 그래도 세번은 너무 흥분한 나머지 그 생각에만 붙들려 있지 않았다.

아빠가 다시 말을 이었다.

"그리고 난 아직도 이게 미친 짓이라고 생각한다만, 너희 에코 회원들이 모은 기금 1달러당 우리도 1달러씩 보태기로 했어."

세번은 기뻐서 사리카를 와락 껴안았다. 미친 생각에 대한 지원치고 정말 대단한 것이었다.

이제 시작이야!

"이건 정말 내 인생에서 가장 큰 사건이야."

모건이 탁자 앞에 있는 의자에 쓰러지듯 앉으며 넋 나간 얼굴로 말했다. 세번의 부모님이 지구 정상 회의에 같이 갈 예정이고, 에코가 모금한 만큼의 돈을 기부하기로 했다는 말을 듣자마자 모건은 평소 툴툴대던 모습이 온데간데없어졌다.

"그런데 어쩌지? 우리 모두 갈 수는 없대."

세번이 아쉬워하며 말했다.

"하지만 중요한 건 에코 대표단이 지도자들에게 우리의 메시지를 전달한다는 거 아니겠니?"

세번이 덧붙이자 버네사도 흥분을 누르지 못한 채 말했다.

"우리 중 한두 명만 세번이랑 같이 갈 수 있다면 그걸 어떻게 정하지?"

"음, 토브는 맨 처음 회원이고, 그리고 게코도 누구보다 많이 만들었으니까……."

모건이 말하자, 토브가 대꾸했다.

"하지만 모건, 사람들 앞에서 말하는 건 네가 더 잘하잖아. 난 사람들 앞에 서면 너무 떨려서……. 그리고 난 미셸처럼 남아메리카 쪽으로 여행을 가 본 적도 없고."

"지금까지 우리가 얼마나 모금했지?"

미셸이 물었다.

"3000달러 정도."

모건이 대답하면서, 정신 차리라는 듯 세번의 눈앞에 손가락을 흔들어 보였다.

"세번, 우리가 여기서 몇천 달러를 더 모금할 수 있을 거라고 생각한다면 넌 진짜 제대로 미친 거야."

"하지만 세번 부모님이 기부해 주신다는 것까지 합치면 벌써 6000달러잖아."

버네사가 환한 표정으로 말했다.

"미쳤어, 미쳤어, 미쳤어……."

모건이 계속 중얼거렸다. 미셸은 아랑곳하지 않고 말했다.

"제프가 큰 모금 행사에 대해 한 말 기억나니?"

엄마가 파이 다섯 조각을 얹은 쟁반을 들고 방으로 들어오면서 말했다.

"제프 말이 맞아. 규모가 큰 행사라면 기금을 많이 모을 수 있을 거야."

모건의 눈이 반짝 빛났다. 모건은 군침을 삼키며 말했다.

"음…… 파이다."

그때 아빠가 방 안으로 고개를 들이밀며 말했다.

"얘들아, 여태껏 먹어 본 호박 파이 중에 내가 만든 게 가장 맛있지 않니?"

"원한다면 모금 행사에 내가 도움을 좀 줄 수 있는데."

엄마가 제안했다.

세번은 이럴 때 엄마가 정말 존경스러웠다. 엄마는 뭔가 큰일이 닥치면 놀라 쓰러지는 게 아니라 할 수 있는 게 뭔지 알아보고 어떻게 할지 방법을 찾았다. "플랜 A가 안 되면 다른 알파벳이 아직 25개나 남았으니까!" 세번이 용기를 잃을 때마다 엄마는 이렇게 말하곤 했다.

"자, 일단 회의 참가 신청서부터 써야 해."

엄마가 이어서 말했다.

"지구 정상 회의는 3개로 나누어져 있어. '리우 센트로(Rio Centro)'에서는 각국 정부를 대표하는 지도자들이 모여서 회의를 해. 그리고 정부 외 조직, 그러니까 너희 에코 같은 엔지오(NGO, 민간단체가 중심이 되어 만든 비정부 국제 조직)들은 다른 장소에서 열리는 '글로벌 포럼(Global Forum)'에 참가할 거야. 마지막으로 '지구 의회(Earth Parliament)'가 있는데, 앞의 두 군데에 참가하지 못하는 사람들을 위한 거지."

"우린 정부 지도자들이 있는 곳에 참가하고 싶은데요. 우리 메시지를 귀담아들어야 할 사람은 그들이니까요."

세번이 힘주어 말했다.

"글쎄, 너희들이 리우 센트로에서 연설하려면 초청을 받아야 하거든. 너무 걱정 마, 글로벌 포럼이나 지구 의회에서도 중요한 사람들을 만나게 될 거니까."

다음번 에코 모임에서 엄마가 한 가지 계획을 제안했다.

"밴쿠버 천문관에서 강당을 빌려줄 수 있대. 슬라이드를 상영할 수 있는 스크린도 있고, 큰 행사를 열기에 알맞은 장소야."

"정말 좋아요. 엄마 아빠한테도 아는 분들을 다 초청하라고 말씀드릴게요."

버네사가 말했다.

"포스터는 내가 만들게. 복사는 환경 청년 연맹에서 해 줄 거야."

토브의 말을 듣고 나서 엄마가 말했다.

"너희 친구들과 가족들이 도시 곳곳에 포스터 붙이는 걸 도와주면 되겠다. 당장 홍보를 시작하는 게 좋겠구나."

"게코도 더 만들어야죠."

미셸이 한숨을 쉬며 말했다.

"커피하고 케이크도 팔고."

엄마가 덧붙였다.

"사람들이 기부하기 쉽게 기부용 수표도 만들어요."

모건이 말했다.

"그런데 어떻게 사람들 마음을 움직여 기부하게 할 수 있을까요?"

버네사의 물음에 엄마가 대답했다.

"에코 대표단을 브라질에 보내려고 하는 이유가 뭔지 잘 생각해 봐. 그걸 적는 거야. 그렇게 사람들을 설득해야지."

"그리고 우리가 끝내주는 발표를 하는 거야. 지금까지 했던 어떤 발표보다 훌륭하게."

세번이 말했다.

"그런데 사람들 앞에서 연설하는 건 내 적성 아닌 거 알지? 그러니까 나는 다른 일을 도울게. 그림을 그리거나 슬라이드 쇼를 준비하거나 하는 일 말이야."

토브가 나직이 속삭였다. 세번은 속이 상했다.

"하지만 토브, 사람들 앞에서 연설하는 게 지구 정상 회의에 참가하는 가장 큰 목적인데."

토브는 마치 그 자리에서 사라지고 싶은 듯 고개를 숙이고서 기어들어 가는 목소리로 말했다.

"그렇다면 아무래도…… 아무래도 난 못 갈 것 같아."

세번은 뭐라고 더 얘기하고 싶었지만, 목구멍이 꽉 막혔다. 토브가 힘들어하는 걸 보니 견디기 어려웠다. 세번은 토브 없이 리우에 가는 걸 상상할 수가 없었지만, 한편으로는 그게 좋을 거라는 생각도 들었다. 그러나 제일 친한 친구 없이 어떻게 생애 가장 중요한 일을 할 수 있을까?

세상을 변화시키는 건 역시 쉽고 간단한 일이 아니었다.

세상을 바꿀 수 있도록 우리를 도와주세요

"휴! 기금 모금이 이렇게 힘든 일인 줄 미처 몰랐네."

모건이 버네사와 토브에게 말했다. 에코 회원들은 자전거를 타고 밴쿠버 천문관으로 가는 중이었다. 오늘 밤에 열릴 행사를 위해 아이들은 쉴 새 없이 뛰어다녔다. 포스터를 붙이고, 사람들을 초대하고, 팸플릿과 프로그램을 인쇄했다. 또 기금 모금을 위해 과자를 만들어 줄 자원봉사자를 모집하기도 했다. 물론 '에코-게코' 만드는 일도 소홀히 할 수 없었다.

"여느 때라면 한가했을 봄 방학에 한 일치고는 너무 많았지? 그래도 발표 연습할 시간은 낼 수 있어 다행이었지만."

버네사가 한숨을 내쉬며 말했다.

"맙소사! 사람들이 꽉 찼어."

세번은 헉하고 숨을 몰아쉬었다. 세번은 줄지어 강당으로 들어오는 사람들에게 프로그램을 나누어 주었다. 학생이나 선생님들이라면 익숙했을 텐데, 청중은 대부분 어른들이었다. 세번은 행사가 시작될 때까지 마음을 졸이며 팔찌만 만지작거렸다. 조명이 어두워지자 버네사가 말을 시작했다.

  "안녕하세요, 여러분. 저희 행사에 오신 걸 환영합니다. 이 행사는 '지구의 운명 – 아이들의 시각에서'라고 이름을 붙였습니다. 저는 진행을 맡은 버네사, 아, 래퍼 버네사가 아닙니다. 제 이름은 버네사 수티입니다."

  사람들이 웃는 사이에 다른 에코 회원들이 무대로 나왔다.
  맨 먼저 세번이 말을 시작했다.
  "여러분이 아마존 숲에 있다고 한번 상상해 보세요. 아마존 숲은 이 세상에 남아 있는 가장 큰 열대 우림이죠. 여러분은 밀림에서 나는 소리에 에워싸여 있는 거예요. 매미 울음소리와 새들의 노랫소리가 들려요. 여기에 갑자기 비가 내리기 시작해요."

  아이들은 모두 손바닥을 비벼 빗소리를 내면서 청중들도 따라 하도록 이끌었다.
  "비안개가 밀림의 풀과 나무를 적시죠."

아이들이 손가락으로 탁탁 소리를 냈다.

"이제 빗줄기가 굵어지고 있어요."

아이들은 자기 다리를 토닥거리다가 발을 쿵쿵 구르며 아마존 밀림의 세찬 빗소리를 흉내 냈다. 강당 안은 남아메리카의 깊은 밀림 속이 되어 버렸다. 그러다가 아이들은 다시 손과 발을 움직여, 빗줄기가 점점 약해지면서 다시 안개가 되는 모양을 흉내 냈다. 상상했던 것보다 빗소리 효과가 좋아서 자신들도 깜짝 놀랐다. 바야흐로 행사가 시작되는 순간이었다.

세번은 사람들이 지켜본다고 생각하니 긴장이 됐지만, 청중의 얼굴이 어둠 속에 묻혀 잘 보이지 않아서 다행이었다. 아마존 밀림 이야기를 시작하자 곧 긴장도 사라졌다.

"몇 년 전에 저는 브라질의 아마존 밀림에 사는 카야포족을 방문할 기회가 있었습니다."

토브가 슬라이드를 보여 주기 시작했다. 아름다운 숲, 지뉴강, 카야포 사람들, 그리고 마지막은 불타는 숲에서 솟아오르는 연기 기둥 모습이었다.

"이게 바로 제가 환경 문제에 관심을 두게 된 이유입니다. 불타는 숲은 화염에 휩싸인 거대한 궁전 같아 보이죠. 궁전

만 타는 게 아니라 그 안에 있는 모든 것이 타는 거예요. 결국 궁전은 없어져요. 밀림도 마찬가지예요. 죄 없는 수많은 동물이 멸종되거나 보금자리를 잃어버리죠. 이런 파괴를 막기 위해 나서지 않는다면 이 동물들은 머지않아 이야기책에서나 보게 되겠죠."

다음 차례는 버네사였다. 버네사는 발표문을 쥔 손을 파르르 떨었다. 그렇지만 목소리만은 카랑카랑했다.

"제 이야기의 제목은 '밀림 파괴를 막기 위해 우리가 무엇을 할 수 있는가?'입니다."

버네사는 유엔 환경 개발 회의(UNCED, 지구 정상 회의의 공식 명칭)에 관해 말했고, 왜 에코 회원들이 거기에 가서 세계 지도자들을 상대로 연설하고 싶은지 얘기했다.

중간 휴식 시간에 에코 회원들은 로비에 있는 탁자로 달려가서 줄지어 선 사람들에게 자기들이 만든 배지 따위를 팔았다.

"거스름돈이 없는데 어떡하지?"

토브가 어쩔 줄 몰라 하자 돈을 낸 사람이 말했다.

"거스름돈은 놔둬요. 좋은 일에 쓰이는 거니까."

그때 검은 수염을 기른 남자가 눈을 반짝거리며 다가왔다.

"어이, 아기 흰고래!"

"라피!"

세번이 그 남자를 얼싸안으며 소리를 질렀다.

모건은 놀라서 눈이 튀어나올 뻔했다. 라피는 슈퍼스타였기 때문이다. 캐나다 어린이라면 누구나 그가 만든 '아기 흰고래'나 '버스의 바퀴' 같은 노래를 알고 있었다. 아무리 수다쟁이 모건이라지만 한마디도 할 수 없었다.

라피는 웃으면서 게코 도마뱀 배지를 몇 개 집었다.

"너희들 정말 자랑스럽다. 아주 대단한 일을 하는구나."

미셸이 세번의 팔을 꽉 잡으며 속삭였다.

"너 라피랑 어떻게 알아?"

"우리 집 근처에 살아. 환경 운동도 같이하고, 우리 아빠가 만든 환경 재단의 후원자이기도 해."

세번은 몸을 돌려 강당으로 뛰어가면서 소리쳤다.

"스타는 그만 쳐다보고 빨리 와. 다음이 네 차례잖아."

미셸은 내전과 마약으로 얼룩진 콜롬비아에 직접 가 본 이야기를 전하고 얼마나 충격적이었는지 말했다.

"저개발 국가들은 가난 때문에 밀림을 파괴하고 있습니다. 지도자들은 전쟁에 쓸 돈을 환경과 국민을 보호하는 데 써야 해요."

 마지막 순서는 모건이었다. 모건은 발표를 마치고 나서 끝으로 덧붙였다.

 "여러분이 앉아 있는 자리에 백지 수표가 보이시죠? 그게 뭘까요? 혹시 모르고 앉으셨다면 젖거나 구겨지고 말았을 테지만……. 그래서 우리가 여기 새것도 준비해 놨답니다."

 한바탕 웃음이 지나가고 나자, 모건은 사람들에게 리우행 비행기표를 살 수 있게 기부해 달라고 호소했다.

 "우리가 세상을 변화시킬 수 있게 도와주세요."

 행사의 막바지에 어떤 남자가 무대 위로 뛰어 올라왔다.

 "제가 지금 200달러가 적힌 수표를 다섯 개 들고 있습니다. 누가 이 금액에 맞먹는 돈을 기부한다면 저도 이걸 내겠습니다."

 세번의 할아버지가 맨 처음으로 나서서 그 남자에게 수표를 건넸다.

 "저도 내겠어요."

 이어 어떤 여자가 소리쳤고, 순식간에 2000달러가 모였다. 세번은 '엄마가 말한 게 바로 이런 것이구나.'라고 생각했다.

행사를 마친 뒤 정리를 하고 나서 에코 회원들은 기진맥진해 바닥에 주저앉았다.

"너희들 너무 피곤해서 모금액을 계산도 못 할 정도니?"

미셸 엄마가 물었다.

모건이 수표를 세고 미셸 엄마가 계산기로 셈하는 동안 아이들은 등을 꼿꼿이 세운 채 지켜보았다.

"4700달러!"

"맙소사!"

미셸 엄마의 말에 모건이 놀라 소리쳤다.

이번엔 세번 엄마가 4000달러짜리 수표를 흔들어 보였다.

"라피가 이걸 주고 가면서 리우에서 만나자고 하던데?"

"야호, 라피!"

버네사가 소리를 지르면서 폴짝 뛰더니 승리의 춤을 추었다. 다른 아이들도 덩달아 춤을 추다가 키득거렸다.

"자, 전체 합계는……"

드디어 미셸 엄마가 발표를 했다.

"오늘 밤에 모금한 것과 개인적으로 기부받은 것을 모두 합쳐 너희들이 여태까지 모은 돈이 전부……"

아이들은 웃음을 멈추고 깡충깡충 뛰면서 소리쳤다.

"전부 얼만데요? 빨리 말씀해 주세요!"

"너희들이 모은 돈이, 자그마치 1만 3000달러가 넘어."

세번은 까무러칠 뻔했다. 아이들은 다 같이 세번 아빠를 쳐다봤다.

"맙소사, 너희들이 무슨 생각을 하는지 알겠다."

아빠는 제멋대로 뻗친 곱슬머리를 손가락으로 빗으며 말했다.

"내가 너희가 모은 돈만큼 보태 주겠다고 한 거……."

그러면서 아빠는 과장되게 침을 꿀꺽 삼키는 시늉을 했다.

"내 생각인데, 이렇게 되면 에코가 리우로 간다고 봐야겠지?"

아이들은 서로 손을 잡고 팔짝팔짝 뛰며 노래를 불렀다.

"우리는 리우로 가요!"

"나도, 나도!"

사리카가 끼어들었다.

"물론이지, 넌 우리 에코의 명예 회원이니까."

모건이 사리카를 끼워 주며 말했다.

갑자기 세번은 가슴이 덜컥 내려앉았다. 신청서! 아직 확답을 받지 못했던 것이다. 세번은 친구들에게 좋아하기에는 아직 좀 이르다고 말해 줄까 망설였다. 하지만 다들 너무 행복해 보여서 세번은 아무 말도 하지 않았다. 지금 세번이 할 수 있는 일은 기다리는 것뿐이었다.

다 같이 갈 수는 없다

"아이들이 곧 여행 계획 짜러 모이겠구나. 누가 함께 갈지 정해야지."

엄마가 허브차를 끓이며 말했다.

"몇 명이나 갈 수 있어요?"

"글쎄다. 너희가 이렇게 많은 돈을 모금할 수 있을 거라 생각 못 했는데, 이제 세 명은 더 데리고 갈 수 있겠어."

"우리가 돈을 좀 더 모으면 다 같이 갈 수 있지 않을까요?"

세번은 애원하듯이 말했지만 그게 불가능한 일이라는 걸 알았다. 지구 정상 회의가 열리는 날까지 두 달밖에 남지 않았다.

"모두 간다면 보호자도 더 필요하고 숙소도 하나 더 얻어야 하는데 이렇게 닥쳐서는 남아 있는 숙소도 없을 거야."

그때 초인종이 울렸고, 세번은 벌떡 일어났다. 토브와 버네사, 모건, 미셸이 현관에서 신발을 벗어 던지고 곧장 식탁으로 달려왔다. 세번이 차와 쿠키를 가져왔다.

"우리가 나눠 줄 전단이 나왔어."

세번은 짐짓 쾌활하게 말했다. 아이들이 전단을 훑어보는 사이에 엄마가 의자를 당겨 앉으며 말했다.

"굉장한 소식이 있어. 미셸 엄마가 보호자로 같이 가서 세번 아빠와 내가 리우 회의에서 연설하는 동안 너희들을 돌봐 주시기로 했단다. 얼마나 고마운지! 게다가 미셸 엄마는 에스파냐어도 할 줄 알고 포르투갈어도 어느 정도 알아들으실 수 있대."

"정말 잘됐어요."

모건이 말했다. 모건은 자기 엄마가 일하는 동안 미셸의 집을 자기 집처럼 편하게 들락거리곤 했다.

세번의 엄마는 국제적인 큰 행사에서 주의할 점과 남아메리카를 여행할 때 어떤 어려움이 있는지 자세히 설명해 주었다.

"이건 휴가를 즐기러 가는 여행이 아니야. 너희들은 지금보다도 더 열심히 일해야 할 거고, 온종일 낯선 사람들과 이야기도 해야 할 거야. 운이 좋으면 라디오나 텔레비전 인터뷰를 하게 될 거고, 많은 청중 앞에서 연설도 하게 되겠지. 리우는 엄청나게 덥고 수많은 사람들로 북적거릴 거야. 걱정스러운 건 혹시 사람들이 시위를 일으킬지도 모른다는 사실이야. 회의가 시작되기 전부터 경비가 굉장히 삼엄할 테고. 너희들은 이 모든 걸 감당해 내야 한단다."
"알았어요, 엄마. 잠깐 우리끼리 얘기 좀 할게요."
세번이 친구들 쪽으로 몸을 돌리면서 말했다.
"난 우리 모두 같이 갔으면 정말 좋겠어."
세번의 말에 미셸이 대꾸했다.
"하지만 누가 가고 누가 남을지 결정해야지. 그래도 이제는 세 명이나 같이 갈 수 있게 됐잖아."
모건이 맨 먼저 자기 생각을 말했다.
"어, 나는 사람들 앞에서 얘기하는 게 하나도 두렵지 않아. 그리고 리우에 가는 게 나의 가장 큰 소원이야!"
"나도 가고 싶어. 하지만 우리 모두 가고 싶어 하니까 제비뽑기를 해야 하지 않을까?"
버네사가 말했다.
무거운 침묵이 코끼리처럼 방 안을 가득 채웠다. 이윽고 토브가 입을 열었다.

"제비뽑기가 가장 좋은 방법인지 난 잘 모르겠어. 세번 엄마도 아까 말했잖아. 나는 우리 중에 말을 가장 잘하는 사람을 뽑아야 한다고 생각해. 너희들도 알다시피 난 사람들 앞에서 말을 잘할 자신이 없어."

그렇게 말하고 나서 토브는 무릎 위로 모아 쥔 손을 내려다보았다. 그러자 모건이 불쑥 내뱉었다.

"네가 누구보다도 게코 배지를 많이 만들었고 모금을 위해 열심히 일한 건 사실이지만, 사람들 앞에서 말하는 게 자신 없다면 안 가는 게 나을 수도 있겠다."

세번은 모건의 말을 되받아치려다가 입을 다물고 말았다. 자신도 똑같이 생각하고 있는 것을 모건이 입 밖으로 냈다고 해서 뭐라고 하는 것이 옳은 일일까? 미셸과 버네사는 아무 말도 하지 않았다.

토브가 아이들의 눈길을 피하며 말했다.

"가장 중요한 건 세계 지도자들에게 우리의 메시지를 전달하는 일이잖아. 그게 우리가 몇 달 동안 매달려 열심히 일한 이유고. 확실히 너희가 나보다는 연설을 잘하니까 내가 남을게."

세번은 마음이 아팠지만, 토브의 의지를 꺾을 수가 없었다. 그것은 세번이 상상조차 할 수 없는 '자기 희생'이었다.

미셸과 버네사는 어깨를 축 늘어뜨렸다. 모건은 눈을 내리떴다. 다들 아무 말도 하지 않았다. 마침 아빠가 커다란 갈색 봉투를 들고 나타나는 바람에 어색한 침묵이 깨졌다.

"에코 앞으로 이게 배달됐네."

"지구 정상 회의로부터 온 거야!"

세번이 외쳤다. 그런 다음 봉투를 뜯어 편지를 읽어 내려갔다.

"정식으로 행사장에 우리의 부스를 허락한다는 통보야."

세번은 눈을 감고 그동안 어깨를 짓눌렀던 걱정의 무게가 한결 가벼워진 걸 느꼈다. 토브가 못 가게 된 건 아쉬웠지만, 그래도 별문제 없이 의견의 일치를 보았다. 그리고 이제 에코가 1000여 개의 대표단 중 하나로 등록되었다. 두 달 뒤에 그들은 리우에 있을 것이다. 세계의 지도자들에게 '자라나는 아이들을 좀 더 생각하라'는 말을 전하려고.

여기는 리우데자네이루!

"야, 리우데자네이루다!"

세번이 멀리 보이는 고층 건물을 가리키며 소리쳤다. 도시는 솟아오른 산맥과 대서양 사이에 자리잡고 있었다. 도시가 눈에 들어오면서 아이들은 지난 몇 달간의 광란에서 벗어났다. 에코의 미친 꿈이 실현된 것이다.

"여러 빛깔의 바다처럼 보여."

모건이 푸른빛의 땅과 물을 내려다보며 경탄했다.

"밴쿠버랑 비슷한데 좀 더 아름답네."

버네사가 말했다. 하지만 이런 생각은 이내 사라져 버렸다. 비행기가 칙칙하고 네모난 판잣집이 꽉 들어찬 넓은 지대 위를 날기 시작했기 때문이다. 그것은 마치 도시 한쪽을 거대한 누더기 이불로 덮어 놓은 것처럼 보였다.

"지진으로 내려앉은 마을 같은걸."

모건이 말했다.

"저건 파벨라(포르투갈어로 '빈민굴'이라는 뜻 – 옮긴이)라고 하는데, 가난한 사람들이 모여 사는 곳이야."

세번이 설명해 주었다.

"사람들이 저기에서 산다고?"

버네사는 숨이 턱 막히는 듯했다.

비행기가 활주로에 바퀴를 쿵 부딪치며 내려앉았고, 잠시 후 완전히 멈췄다. 에코 회원들이 가장 큰 소리로 환호했다.

"떨어지지 말고 서로 꼭 붙어 있어야 한다, 얘들아."

아이들이 줄줄이 짐 찾는 곳으로 가는 걸 보면서 미셸 엄마가 주의를 주었다.

이곳은 세번이 지난번 아오크레에 갈 때 들렀던 공항보다 훨씬 더 북적였다. 세번은 이 많은 사람들이 모두 다 지구 정상 회의에 온 사람들일까 궁금했다.

공항 건물 밖으로 나오자 뜨거운 기운이 훅 끼쳤다.

"와, 맙소사!"

모건이 외쳤다.

"콜롬비아보다 훨씬 더워."

미셸도 이마의 땀을 닦으며 투덜거렸다. 미셸 엄마가 택시 두 대를 잡았고, 일행은 짐을 트렁크에 쑤셔 넣은 뒤 두 차에 나눠 탔다.

택시가 야자수와 꽃나무가 늘어선 고속도로를 달리다가 파벨라 옆을 지날 때 다 쓰러져 가는 집들이 눈에 들어왔다. 나무와 벽돌로 벽을 세우고 양철이나 점토 타일로 지붕을 얹어 아무렇게나 지은 허름한 집이었다. 집들은 가파른 언덕을 따라 마구잡이로 잇대어 지어져 있었는데, 세찬 바람이라도 불면 카드로 쌓아 올린 집처럼 와르르 무너져 내릴 것 같았다.

택시가 차량 사이를 누비며 휙 방향을 틀기도 하고, 차선을 넘나들며 갑자기 브레이크를 밟았다 경적을 울렸다 하는 바람에 아빠는 신경이 점점 날카로워졌다. 아빠는 이마의 땀을 닦으며 운전기사에게 속도를 내지 말라고 쏘아붙였다.

"거봐, 이 여행이 끔찍할 거라고 내가 말했지?"

세번은 험하게 모는 택시 안에서 불안에 떨며 아빠 곁에 딱 붙어 있었다. 세번은 이제야 아빠가 왜 이런 복잡한 도시를 싫어하는지 이해할 것 같았다.

"공기가 나쁠 수밖에 없겠네. 이렇게 많은 차는 처음 봐."

모건이 숨이 막힌다는 듯 캑캑거렸다.

빈민가를 지나자 곧바로 고급 주택가와 고층 빌딩이 나타났다. 끝없이 펼쳐진 백사장을 따라 흰색 회벽의 아파트가 늘어서 있었다. 백사장은 비치파라솔과 일광욕하는 사람들로 붐볐다.

마침내 일행은 앞으로 2주간 머물 아파트에 도착했다. 아이들은 간신히 짐을 끌어올리고 나서 각자 침대를 정한 뒤

발코니에서 경치를 감상했다.

"코파카바나라고 굉장히 유명한 해변이야."

엄마가 말하자, 사리카가 폴짝폴짝 뛰면서 소리쳤다.

"수영하러 가자."

"안됐지만 얘들아, 이 해변은 해수욕하기에 안전하지 못해. 하수에 오염됐거든. 그리고 아까 경찰이 노상강도를 조심하라고 얘기해 주더라고."

세번 아빠의 말을 듣고 아이들이 툴툴거렸다.

"자, 먼저 너희 부스에 가 봐야지."

엄마가 말했다.

"하지만 배가 너무 고파요!"

세번이 외치자 다른 아이들도 배고픈 표정을 지었다.

"가는 길에 음식을 좀 먹자꾸나."

아빠가 말했다.

가게들은 시에스타(지중해 연안 국가와 라틴 아메리카 국가들에서 볼 수 있는 전통적인 낮잠 풍습 - 옮긴이) 시간이라 문을 모두 닫았지만, 길거리 가판대에서는 옷가지와 먹을거리, 그리고 온갖 종류의 물건을 팔고 있었다.

"오, 음식이여! 훌륭한 음식이여!"

밥과 콩, 문어, 오징어, 게, 감자, 닭 요리 등을 파는 곳을 지날 때 모건이 이렇게 노래를 불렀다. 아닌 게 아니라 음식 냄새가 빈속을 더욱 자극했다.

"삶은 메추리알이라고? 한번 먹어 보고 싶은데."

모건을 비롯해 에코 친구들이 음식을 사기 위해 줄을 서자, 누더기 차림의 아이들 한 무리가 빙 둘러싸더니 지저분한 손을 내밀어 동전을 구걸했다.

"얘네들은 이 시간에 왜 학교에 안 가고 여기 있지?"

버네사가 물었다.

"거리의 아이들이야."

세번은 동전이라도 있으면 주고 싶었지만 가진 돈이 한 푼도 없었다. 아이들은 굶주린 것 같았다.

"나도 콜롬비아에서 거리의 아이들을 본 적 있어. 걔들은 정말 힘들게 살아. 어떤 아이들은 살아남기 위해 쓰레기통을 뒤지기도 하고, 어린 나이에 어쩔 수 없이 소년병이 되거나 마약 판매원이 된대."

미셸이 설명했다.

점심 식사를 마친 뒤 일행은 택시를 타고 글로벌 포럼 행사장을 찾아갔다. 택시가 줄지어 선 천막 사이로 요리조리 수많은 인파를 뚫고 들어가는 동안, 엄마는 안내장과 지도를 보며 에코 부스를 찾느라 진땀을 뺐다.

"이런 '생쇼'가 다 있나."

아빠가 이를 악문 채 투덜댔다. 아빠의 곱슬머리가 습기 때문에 사방으로 뻗쳤다.

"아빠, 제발 열 좀 그만 내세요."

세번이 눈을 흘기며 말했다.

"나도 그러고 싶다만 이 푹푹 찌는 더위에 그게 되겠니?"

"아, 저기 있네. 66번, 환경을 지키는 어린이 모임!"

엄마가 갑자기 소리쳤다.

세번은 숨을 크게 내쉬었다. 에코 부스 앞에 서니 머리 꼭대기에서 발끝까지 찌릿한 전류가 흐르는 것 같았다. 여기 오기까지 있었던 수많은 일이 머릿속을 스쳐 지나갔다.

"우리 넷이 한꺼번에 다 들어갈 수는 없을 것 같은데?"

미셸이 조그만 탁자와 접이의자 세 개, 그리고 챙겨 온 물건들을 보면서 말했다. 천막은 너비가 채 3미터도 안 됐다.

"그래도 구석 자리라서 다행이야. 천막 밖에서도 사람들과 이야기를 나눌 수 있겠어."

버네사가 여느 때처럼 활기차게 재잘거렸다.

"다들 모자 꼭 쓰고, 자외선 차단제 바르는 것도 잊지 마."

지나가던 여자 둘이 의자에 털썩 주저앉아 에코 소식지로 부채질하는 걸 보면서 엄마가 말했다.

"네. 우리 주근깨투성이 친구들, 잘 알았지요?"

모건이 자기가 쓴 햇빛 가리개 모자를 가리키며 말했다.

"야, 누가 누구한테 주근깨래?"

미셸이 쏘아붙이자, 버네사가 한마디 했다.

"너희들 지금 주근깨 경연 대회 할 때가 아니야. 일들 해."

"포스터와 사진을 벽에 걸어야겠어. 에코 소식지하고 전단은 탁자에 놓아 줘."

세번이 상자에 든 물건을 꺼내며 말했다.

세번은 엄마 친구들이 손수 만들어 준 현수막을 꺼내면서 얼마나 많은 사람들이 에코를 도와주었는지 생각해 보았다. 그다음에 세번은 상자에서 알록달록한 간판과 포스터를 꺼냈다.

"토브가 우리 부스에 걸라고 만들어 준 거야."

"정말 예쁘네."

모건이 게코 도마뱀 배지를 한 움큼 쥔 채 말했다. 어느새 모건의 얼굴에 웃음기가 사라졌다.

"토브한테 안 가는 게 좋겠다고 말하지 말 걸 그랬어. 토브가 못 온 건 다 내 탓이야. 내가 너무 이기적이라서!"

모건이 소리쳤다. 금방이라도 울음이 터질 것 같은 목소리였다.

세번은 눈물이 쏟아지려는 걸 꾹 참았다. 모건에게 네 잘못이 아니라고 얘기해 주고 싶었지만, 세번은 바쁘게 움직이면서 애써 밝은 목소리로 말했다.

"초록색 현수막과 파란색 현수막은 잘 보이게 꼭대기에다 걸자."

버네사가 재빨리 높은 의자를 가져왔고, 미셸은 가방에서 스테이플러와 테이프를 꺼냈다. 세번은 아무도 토브 얘기를 더는 꺼내지 않아서 다행이라고 생각했다.

부스를 차리는 일은 시간이 좀 걸렸다. 하지만 끝내고 난 뒤 모두 흐뭇해했다.

"우리 부스도 다른 부스만큼 괜찮아 보이는걸?"

세번이 자랑스럽게 말하자, 모건이 씩씩하게 외쳤다.

"우리가 더 낫지. 자, 이제 쇼가 시작됩니다."

주목을 받다

"애들아, 모두 일어나."

엄마가 아이들을 깨웠다. 블라인드 사이로 햇볕이 쏟아져 들어왔다. 오늘 하루도 무더위에 시달릴 거라고 예고하는 듯했다.

"서둘러야지. 오늘은 너희가 에코를 처음으로 세상에 알리는 날이잖아."

세번은 몸이 바닥에 붙어 버린 것 같았다.

"아야!"

사리카가 세번의 무릎 위에 올라가 앉자 세번이 소리를 질렀다. 모건은 벌써 일어나서 옷을 갈아입고 있었다. 모건은 파인애플, 망고, 파파야가 쌓여 있는 그릇을 쳐다보고는 입이 떡 벌어져 소리쳤다.

"와! 이런 과일은 밴쿠버에서는 은행을 털어야 사 먹을 수 있을걸?"

글로벌 포럼으로 가는 택시 안에서도 아이들은 여전히 하품을 해 댔다. 행사장은 전날보다 훨씬 더 붐볐다. 사람들은 저마다 다른 언어로 대화를 나누었고, 색다른 의상과 갖가지 머리 장식으로 꾸미고 있었다.

"카야포 사람들은 하나도 안 보이는데요?"

세번이 물었다.

"그 사람들은 여기서 조금 떨어진 곳에서 열리는 지구 의회에 가 있어. 원주민들을 공식 회의에서 제외하다니 말도 안 돼. 이 땅을 존중하면서 오랫동안 살아온 사람들한테서 배울 게 훨씬 많을 텐데."

아빠가 대답했다.

"그러면 원주민들은 각국 지도자들을 아예 못 만날 수도 있겠네요."

세번은 낮게 중얼거리고 나서 속으로 생각했다.

'그래, 그럼 우리라도 그 지도자들을 만나야지.'

"다음 주에는 우리 모두 지구 의회를 방문할 거야."

엄마가 말했다.

그러고 나서 아빠와 함께 회의에 참석하러 갔다.

모건이 팔짱을 끼고 부스를 쳐다보았다.

"우리 돌아가면서 부스를 지키는 게 좋겠지?"

"차례를 정해 놓자."

세번의 말에 미셸이 펜과 종이를 집어 들면서 맞장구쳤다.

"좋은 생각이야! 그럼 번갈아 행사장을 둘러볼 수도 있고."

"하지만 너희들 꼭 붙어 다녀야 한다. 행사장 지도는 반드시 들고 다니고, 너무 멀리 가면 안 되는 거 알지?"

미셸 엄마가 주의를 주었다.

"봉주르, 마담.(안녕하세요.)"

세번이 오렌지색 원피스를 입은 여자에게 전단을 건네며 말했다. 그 여자는 에코 부스의 첫 번째 방문자이고, 프랑스 사람이었다.

"주 마펠 세번.(제 이름은 세번이에요.)"

세번은 에코가 어떤 단체인지, 그리고 왜 캐나다에서 여기까지 오게 됐는지 설명했다. 그 여자는 웃음을 지었다.

"메르시, 에 본느 샹스.(고마워요, 행운을 빌어요.)"

"우리가 프랑스어를 할 줄 알아서 다행이야."

버네사가 말했다. 더욱이 세번이 포르투갈어를 몇 마디 기억하는 것과 미셸이 에스파냐어를 할 줄 아는 것도 도움이 되었다.

"나이가 어린 것도 도움이 되는 것 같은데. 사람들 시선을 끌잖아. 일단 관심을 기울이게 한 다음 우리의 메시지를 알리는 거지."

모건이 말했다.

글로벌 포럼은 이제 막 시작됐지만, 에코 부스에는 사람들이 벌써 많이 다녀갔다. 이런 비중 있는 회의에 아이들이 뭘 하러 왔는지 궁금해하는 사람들이 많았다. 에코 회원들은 온종일 사람들과 이야기하고, 사진을 찍고, 전 세계에서 온 기자들과 인터뷰를 하느라 바빴다. 그중에는 캐나다 CBC 방송국에서 온 기자들도 있었다. 기자 한 명이 사진기자가 사진을 찍는 동안 에코 소식지와 전단을 뒤적여 보더니 말했다.

"정말 멋진데. 이걸 너희들이 다 썼니?"

"네. 우리가 하고 싶은 말이 있거든요."

버네사가 대답했다.

"우리는 지구 정상 회의에 오려고 돈을 모금했어요. 우리

동네 주민들이 많이 도와줬어요."

세번이 자랑스럽게 말했다.

"너희가 지구 정상 회의에 오기로 한 이유는 무엇이니?"

기자의 질문에 미셸이 대답했다.

"중대한 결정을 내리러 이곳에 오는 세계 각국 지도자들에게 할 말이 있어서요."

"사람들은 아이들이 이런 회의에 참석할 만큼 중요하다고 생각하지 않겠지만, 어른들이 오늘 어떤 선택을 하느냐가 내일 우리의 삶에 큰 영향을 미치니까요."

세번이 덧붙였고, 모건이 이어서 말했다.

"여기서 결정된 것이 미래에 영향을 미치게 될 것이고, 우리 같은 아이들이야말로 그 미래에 살게 될 세대잖아요. 아이들이 내일의 어른이 되는 거죠. 그래서 우리는 어른들한테 우리들의 생각을 알려 드리려고 왔어요. 어쨌거나 그분들은 미래에 이 세상에 없잖아요."

모건이 어깨를 으쓱이자, 기자가 웃었다.

"리우는 어때? 마음에 들어?"

"너무너무 덥고 사람이 많아요. 그리고 어딜 가나 곤봉과 총을 든 경찰이 있어서 낯설어요."

버네사가 대답했다.

"파벨라는 충격적이었어요. 그렇게 가난한 곳을 본 다음에 바로 경비견이 지키고 있는 으리으리한 부잣집을 보니까 더욱 놀라웠어요."

미셸의 말을 듣고 나서 기자가 말했다.

"사실은 우리 방송사에서 리우 센트로 근처의 거지들을 특별 취재했는데, 브라질 정부에서 회의를 앞두고 그 사람들을 한꺼번에 쓸다시피 해서 빈민가로 몰아넣었대. 전 세계에서 온 3만여 명의 방문자들 앞에서 정부를 망신시킬까 봐 그랬다는 거야."

"그건 옳지 않아요. 구린내 나는 비밀을 눈앞에서 감추려고 하다니."

모건이 말했다.

"방금 생각난 건데, 우리가 지구 정상 회의에 참석한 너희 단체를 취재할 수도 있겠다. 너희들 우리와 함께 파벨라를 둘러보러 가지 않을래? 갔다 와서 너희가 받은 인상을 말해 주면 돼."

"그거 괜찮을 것 같은데요. 가 보고 싶어요."

세번은 차분한 목소리로 말했지만, 가슴이 세차게 뛰는 걸 느낄 수 있었다.

"우리는 며칠 뒤에 있을 대규모 항의 시위도 취재할 거야. 시위에 대해 너희들이 어떻게 생각하는지도 인터뷰하면 좋겠다."

아이들은 싱글거리면서 서로 팔짱을 꼈다. 세번이 친구들에게 말했다.

"우리 에코의 모험이 점점 더 흥미진진해지는걸."

일과를 마치고 돌아오는 길에 미셸이 말했다.

"휴, 오늘 진짜 일 많았다."

날씨가 덥고 습한 데다 아이들은 온종일 부스를 지키느라 발도 쑤시고 목도 쉬었다. 그리고 배도 고팠다. 오늘 저녁은 레스토랑에서 현지 음식을 맛보기로 했기 때문에 모두 기대에 차 있었다.

브라질 전통 식당에서 꼬챙이에 끼운 숯불구이를 탑 모양으로 세워 그릇에 얹어 내왔다. 돼지의 심장과 간을 비롯해 아이들이 처음 보는 별별 부위가 다 구워져 나왔다.

모건은 눈과 입이 떡 벌어졌다.

"채식주의자들한테는 안됐군."

"동물들이 더 안됐어."

버네사가 맞받아치자, 세번이 덧붙였다.

"지구도 안됐어. 가축을 기르기 위해 숲을 없애는 건 환경에 안 좋으니까 말이야."

"맞아. 엄청나게 많은 소들이 방귀를 뿡뿡 뀐다고 생각해 봐. 환경에 좋을 리가 있니?"

모건이 킥킥거리며 말했다.

"모건! 우리 지금 식사 중이거든?"

미셸이 고함을 쳤다.

버네사는 감자튀김, 양파 튀김, 콩 요리, 옥수수와 샐러드 같은 음식이 나오자 그제야 손을 비비며 먹을 준비를 했다.

아이들은 금방 배가 불러 남은 음식을 싸 가지고 나왔다. 지저분한 차림새의 아이들이 곧 뒤를 따라왔고, 미셸은 그 아이들에게 남은 음식을 슬쩍 건네주었다.

숙소에 이르렀을 때 사리카가 엄마 아빠한테 졸랐다.

"우리 지금 바닷가에 나가 놀면 안 돼요?"

다른 아이들도 함께 소리쳤다.

"제발, 제발요."

"다들 피곤하다며? 그래서 곧장 잠자리에 들 줄 알았지."

엄마가 두 손을 허리에 얹은 채 말했다.

"그래. 힘들게 일했으니까 바닷가에서 좀 놀아. 하지만 물에는 들어가지 마."

"멀리 가지 말고 우리 가까이에 있어야 해."

아빠는 계속 신경이 곤두서 있었다.

"걱정하지 마세요, 아빠."

세번이 대답했다.

"우리가 멀리 간다 싶으면 '표범이다!'라고 소리치면 되잖아요."

퍼즐 조각들

"큰일 났네, 큰일 났어. 모두 불타오르네!"

라피의 목소리가 시끌벅적한 시위행진 소리를 뚫고 크게 울려 퍼졌다. 시위대는 리우 센트로 쪽으로 이어진 해변 길을 따라 행진하고 있었다. 라피는 어젯밤 리우에 도착해서, 오늘 세번 일행이 행진하는 데 합류했다.

"지구가 죽어 간다네. 우리가 막아야 하네."

세번과 모건, 미셸, 버네사는 함께 붉은색 현수막을 들고 라피가 만든 시위 구호를 따라 외쳤다.

"큰일 났네, 큰일 났어. 모두 불타오르네!"

수천 명의 환경 운동가들이 줄지어 걸어가면서 노래를 부르고, 손뼉을 치고, 북을 두드리는가 하면, 팻말을 들고 구호를 외쳤다. 세계 각국 지도자들에게 경고 메시지를 전달하기 위해서였다. 세번은 이렇게 크고 열광적인 행사를 본 적이 없었다. 마치 거대한 퍼즐의 조그만 조각 한 개가 된 느낌이었다. 퍼즐 조각 하나하나가 모두 중요한 것 같았다.

캐나다 CBC 방송국 기자가 행진하고 있는 에코 회원들을 인터뷰했다.

"여기서 환경을 보호하는 일에 같은 생각을 가진 사람들을 만나니까 정말 감격스러워요."

버네사가 시끄러운 가운데 목소리를 높여 말했다.

세번은 시위대의 거센 물결에 휩쓸려 떠내려갈지도 모르겠다는 생각에 현수막을 꽉 붙잡았다. 언제 시위대가 사나워질지 모른다는 듯 겹겹이 둘러싸고 있는 경찰들 모습도 세빈을 불안히게 만들었다. 세번은 만약 토브가 왔다면 쿵쿵대는 소리와 엄청난 인파 속에서 얼마나 질겁했을까 상상해 보았다. 처음으로 토브가 리우에 안 오길 잘했다는 생각이 들었다.

행진이 끝나고 아이들은 자기네 부스로 가면서 라피한테 작별 인사를 했다.

"안녕, 아기 흰고래들. 나중에 지구 의회에서 보자. 너희들이 연설할 거라 들었어."

"거기서 신곡 부를 거예요?"

모건이 기대에 차서 물었다. 라피의 새 앨범은 '늘 푸른 늘 파란(Evergreen Everblue)'이라는 환경 노래 모음집이었다.

"내가 기타를 안 가져왔어. 그러지 말고 너희들이 연설 끝난 다음에 같이 '큰일 났네, 큰일 났어!' 이 노래 부르는 건 어때?"

버네사의 표정이 일그러졌다.

"연설하는 건 괜찮은데, 노래 부르는 건 자신 없어요."

"다 함께 부르면 괜찮을 거야."
세번이 버네사의 어깨에 팔을 두르며 말했다.
에코 회원들이 부스로 돌아오고 얼마 지나지 않아 엄마가 상기된 얼굴로 헐레벌떡 뛰어왔다.
"캐나다 환경부 장관이 오셔."
드디어 이런 일이! 장관이 가까이 오는 것을 보자 세번은 가슴이 부풀어 올라 터질 것만 같았다.
"안녕하세요, 차레스트 장관님."

아이들은 한 명씩 장관과 악수를 나누었다.

"몇 학년이니?"

장관이 물었다.

"7학년이에요."

장관의 질문이 이어졌다.

"학교 안 가서 좋겠구나.", "여기 있는 게 재미있니? 내 생각엔 그럴 것 같은데.", "어디 살지? 아, 그래. 나도 밴쿠버를 좋아해.", "학교에서는 어떤 과목을 가장 좋아하니?", "여기 있는 동안에도 숙제는 해야지.", …….

아이들은 장관의 질문에 또박또박 대답했다. 그러고 나서 그가 언제쯤 에코에 대해 질문할지 기다렸다. 그때 옆에 서 있던 남자가 장관에게 뭐라고 보고했고, 장관은 아이들을 둘러보면서 말했다.

"이런 국제 행사에서 같은 캐나다 사람들을 보면 늘 반갑지. 그럼 얘들아, 이제 그만. 안녕!"

이렇게 말하고 환경부 장관이 성큼성큼 가 버리자, 세번은 기가 막혀서 입이 딱 벌어졌다.

"뭐지? 중요한 얘기는 꺼내지도 못했는데."

"그냥 말 걸어 보러 온 것뿐이야. 우리 생각을 들으려는 게 아니고."

버네사가 불만을 터뜨렸다.

"우릴 그저 귀여운 어린아이 취급했어."

미셸이 팔짱을 끼며 말했다.

'정치인들은 다 이런 식인가?'

세번은 의아했다. 그리고 실망스러웠다.

이 세상은 우리 것이기도 해요

하루하루가 지나면서 에코 회원들은 점점 더 세상의 주목을 받게 되었다. 아이들은 직접 만든 소식지와 전단을 사람들에게 나누어 주었고, 환경 동아리를 만드는 데 관심이 있는 다른 청소년들과 연락처를 주고받기도 했다.

긴 하루가 끝날 무렵 모건이 말을 꺼냈다.

"사람들이 '너희들이 나서 주니 고맙다.'라고 말해 줬어."

세번이 말을 받았다.

"듣기 거북한 말을 하는 사람도 있어. '우리가 세상을 엉망으로 만들었다만, 너희 같은 아이들이 우리의 희망이지. 이제 우린 안심해도 되겠어. 너희들이 세상을 구할 테니까.' 그런 말을 들을 때면 '그걸 핑계로 아무 일도 안 하시게요? 당신 같은 어른을 거울 삼아 우리가 배울 텐데요.'라고 소리치고 싶어."

"여기 오는 사람들은 거의 다 우리와 생각이 같은데, 우리가 정작 만나서 얘기해야 할 사람은 정치인들이라고."

미셸도 한마디 했다. 그러자 버네사가 대꾸했다.

"그래도 사람들이 우리 말을 듣긴 하잖아. 다른 사람들에게 우리 부스에 가 보라고 권하기도 하고, 신문사나 방송국에서도 점점 더 우릴 주목하고 있어."

"물론 그렇긴 하지만 아직 많은 기자들이 학교나 숙제 얘길 꺼내고, 우리가 몇 살인지 바보 같은 질문을 하는 것도 사실이야."

모건이 불만스럽게 말하며 덧붙였다.

"어쨌든 그런 사람들을 내가 하고 싶은 이야기로 이끄는 솜씨가 늘고 있긴 해."

"정치인들처럼 말이지? 내 생각에도 우리가 사람들 앞에서 연설할 기회가 많아지면서 실력이 점점 나아지고 있는 것 같아."

세번이 맞장구를 쳤다.

그건 사실이었다. 에코 회원들은 글로벌 포럼의 이런저런 곁다리 행사에 초대받았다. 대개 한두 명이 짧게 발표할 시간만 주어졌기 때문에 아이들은 차례를 정해 돌아가면서 하기로 했다.

"내일 캐나다 영사관에서 내가 연설을 할 예정인데, 에코가 이번 회의에서 가장 주목받고 있으니까 내 순서에 너희들이 나와서 얘기하는 게 어떨까?"

아빠의 말에 아이들이 환호했다.

"드디어 힘 있는 사람들 앞에서 얘기하게 됐어."

세번이 외쳤다. 그러자 모건이 큰 소리로 물었다.

"그때 그 환경부 장관도 오나요?"

"그럴걸? 하지만 이번엔 너희들을 무시하지 못할 거야."

아빠가 말했다.

"너희가 할 일은 연설문을 간략하게 추려서 말하고자 하는 것을 몇 분 안에 다 얘기하는 거야. 내가 좀 도와줄까?"

"물론이죠."

모건이 아빠에게 에코 소식지를 건네면서 덧붙였다.

"부채질만 좀 해 주시면 돼요!"

이튿날 저녁, 아빠는 아이들을 데리고 영사관으로 갔다. 아이들은 연설장 안으로 들어가는 길에 음료와 간식이 차려진 탁자 옆을 지나게 되었다. 거기에는 일회용 접시와 컵,

플라스틱 생수병이 널려 있었다.

"이러고도 환경 회의라고 한단 말이지?"

모건이 툴툴거렸다. 아이들은 고개를 절레절레 흔들었다.

먼저, 1972년에 환경 운동이 싹트기 시작한 유엔 인간 환경 회의 때부터 활동했던 사람이 나와 연설을 했다. 그는 공약이 어떻게 만들어졌고, 얼마나 안 지켜졌는지 이야기했다. 세번은 늘 '말, 말, 말만 하지, 행동은 전혀 하지 않는다'고 불만스러워하던 아빠의 말을 떠올렸다. 그렇지만 이번에는 다를 것이다.

짤막한 연설을 한 다음 아빠가 말했다.

"이제 이곳에서 진행되는 일에 가장 큰 영향을 받을 이들이 뭐라고 하는지 한번 들어 봅시다."

에코 회원들이 모두 연단으로 나왔고, 맨 먼저 버네사가 말을 시작했다.

"저는 오늘 저의 미래를 잃고 싶지 않아서 이 자리에 나왔습니다. 정치인들에게 저의 미래를 창밖으로 던져 버리지 말라고 부탁드리고 싶습니다."

버네사는 이렇게 말문을 열었다. 그리고 다음과 같이 연설을 끝맺었다.

"이곳에서 결정되는 일들은 전 세계 어린이들의 삶에 영향을 미칠 것입니다."

다음 차례는 미셸이었다.

"캐나다에서 우리는 혜택받은 삶을 살고 있습니다. 하지만 콜롬비아에서는 제 또래 아이들이 길거리에서 돈을 구걸하며 상하수도도 없는 판잣집에서 살아가고 있습니다. 저도 그 아이들 중 하나일 수도 있었다는 생각을 떨쳐 버릴 수가 없습니다. 저는 부유한 나라의 지도자들에게 더 이상 욕심을 내지 말자는 말을 전하려고 이곳에 왔습니다."

모건도 미셸과 비슷한 내용의 연설을 했다.

"캐나다 어린이들은 부자와 가난한 사람들이 불공평하다는 걸 깨닫지 못하고 살아갑니다. 동화 속 나라에서처럼, 으레 모든 아이들이 잘 곳이 있고, 먹을 음식이 있고, 입을 옷이 있다고 여깁니다. 우리는 캐나다 어린이들이 자기가 가진 것을 나누어 줄 책임이 있다고 생각합니다."

자기 차례가 되자 세번은 다부지고 또렷한 음성으로 자기 생각을 전달하려고 애썼다.

"이제는 실수하지 말고 지금 바로 우리의 미래를 위해 달라져야 합니다. 아니면 우리는 여러분이 만든 쓰레기 더미

속에서 살아야 합니다. 이제는 가만히 앉아서 어른들이 세상을 파괴하는 것을 보고만 있지 않겠습니다."

청중들이 박수갈채를 보냈고, 카메라 플래시가 터졌다. 기자들이 인터뷰하려고 연단으로 뛰어 올라왔다.

캐나다 환경부 장관도 아이들에게 다가와 악수를 건넸다.

"너희들이 이렇게 애써 주니 고맙구나."

모건이 용감하게 나섰다.

"이렇게 말을 나눌 수 있게 되어 반갑습니다. 지난번에는 미처 말을 못 했는데, 환경 문제에 관한 결정을 할 때 그 결정이 누굴 위한 것인지 한 번 더 생각해 주세요. 이 세상은 우리 것이기도 하거든요."

그러자 미셸도 용기를 얻어 말했다.

"장관님, 아이들이 있으신가요?"

"물론이지. 딸이 셋 있단다."

장관은 대답하고 나서 얼굴에 웃음을 띠며 말했다.

"너희들이 말할 기회를 얻고 우리가 그걸 들을 수 있었던 게 얼마나 다행인지 모르겠구나. 너희들이 말할 때 너희 목소리만 들은 게 아니라, 거기에 실린 수많은 아이들의 목소리를 들을 수 있었단다."

장관이 자리를 떠나고 나자 모건은 아이들과 손바닥을 맞부딪치며 말했다.
"그렇지. 이 정도는 돼야지."

지구 정상 회의의 첫 주는 금세 지나갔다. 아이들은 자기들이 살아온 생애를 통틀어 어느 때보다도 열심히 일했다. 일과가 끝나면 다들 지쳐 버렸지만, 연설문이나 일기를 쓰고, 빨래를 하고, 샤워를 하고, 또 숙제도 했다. 그리고 조금이라도 시간이 나면 다들 바닷가로 달려갔다.

어느 날인가는 버스 안에서 기자 회견장으로 가는 대학생들과 이야기를 나누었는데, 그들의 열정에 깊은 감명을 받았다.

"청년들이 지구 정상 회의에 공식적으로 참가하는 줄은 몰랐어요. 정말 대단해요."

세번이 이렇게 말하자, 한 학생이 설명해 주었다.

"97개국에서 온 서른 살 이하의 젊은이 300명이 코스타리카에 모였지. 우리는 일주일간 리우 청년 성명서를 준비했어. 대표단은 세계 인구별 토착민 수와 빈부의 비율을 반영해서 구성했지. 그리고 남녀의 수는 똑같이 맞췄어. 성명서는 빈곤 문제부터 환경 오염에 이르기까지 중요한 사안들을 다루고 있단다."

"연설 시간을 딱 한 시간밖에 못 얻었어. 10여 일 중에 겨우 한 시간. 대단도 하지! 서른 살 이하 젊은이들이 세계 인구의 절반을 차지하는데 말이야."

한 여학생이 투덜거렸다.

에코 부스가 있는 행사장에 도착했을 때, 아빠가 말했다.

"모건이 오늘 오후에 또 다른 기자 회견에서 얘기할 테니까, 어쩌면 나중에 우리가 다시 만날 수도 있겠다."

"어떻게 됐어?"

아빠와 모건이 부스로 돌아오자 세번이 물었다.

"나 체포당할 뻔했어."

모건이 으르렁거리며 의자에 털썩 주저앉았다.

"우리가 리우 센트로에 도착한 건 소요 사태가 일어난 직

후였어. 들어 보니 연설하기로 되어 있던 청년 대표단한테 10분밖에 시간이 주어지지 않아 꽤 긴장된 분위기였대. 그런데 성명서 발표를 시작한 지 2분쯤 지났을 때 갑자기 카메라가 꺼졌고, 곧바로 유엔 경찰이 들어와 청년들 중 몇 명을 체포해 버린 거야."

아빠의 설명을 듣고 엄마가 물었다.

"왜 발표를 중단시켰을까요?"

"너무 급진적이어서 그런 것 같아요. 청년 대표단이 제3세계 국가들이 진 빚을 덜어 주라고 제안했거든요. 제국주의 시대(19세기 후반부터 자본주의가 발달한 나라들이 자기 나라의 이익을 위해 약한 나라를 침략하여 식민지로 만들던 시기 - 옮긴이)에 부유한 나라들이 가난한 나라들을 충분히 이용해 먹었다는 거지요."

"아무튼 깨진 유리 조각이 나뒹굴고, 학생들이 바닥에 주저앉아 울고, 몇 명은 경찰에게 얻어맞기도 했어."

모건이 숨을 헐떡이며 말했다.

"그러고 나니까 경비원들이 우리를 안 들여보내 주는 거야. 우리가 시위에 가담했다고 생각했나 봐. 다행히 나의 영웅 데이비드 스즈키 아저씨께서 경비원들을 설득했고, 겨우

내 연설 시간에 맞춰 들어갈 수 있었지."

세번은 엄마가 지구 정상 회의에서 위험한 일이 생길 수도 있다고 한 말이 기억났다. 하지만 그저 자기들의 신념을 표현하려고 한 젊은이들에게 폭력을 쓸 줄은 정말 몰랐다. 세번은 청년들이 성명서를 만드는 데 얼마나 많은 공을 들였을지 상상할 수 있었다. 그래서 더욱 마음이 아프고 실망스러웠다.

이제 이 회의에서 에코가 지도자들을 향해 말하는 것이 더욱 중요해졌다.

큰일 났네, 큰일 났어!

"야호! 오늘은 지구 의회에 가는 날이야."

모건이 아직 달콤한 잠에 빠져 있는 친구들을 간질이며 말했다.

"나 좀 내버려 둬."

세번이 얼굴 위로 베개를 끌어당겼다. 미셸도 짜증 섞인 말투로 내뱉었다.

"너무 이르잖아. 저리 가, 모건!"

그러자 엄마가 말했다.

"내가 모건한테 너희들 모두 깨우라고 부탁했어. 오늘도 온종일 일정이 빡빡해."

"내가 내일 에코의 연설 일정을 잡아 놨어. 모리스 스트롱이 주관하는 행사로, 교육과 윤리에 관한 기자 회견이야."

아빠가 커피를 따르면서 말했다. 모리스 스트롱은 유엔 사무총장으로, 캐나다 사람이었다.

"기자 회견이라고요? 그럼 기자들만 듣는 거잖아요."

세번은 어깨를 축 늘어뜨렸다.

"그렇긴 해도 지금 리우에는 1만 명도 넘는 기자들이 있거든. 이번이 너희 메시지를 대중에게 전달할 좋은 기회야."

아빠는 커피를 한 모금 마시고 나서 말을 이었다.

"여러 사람이 나와서 토론하는 방식이라 너희 중 두 사람이 연설할 시간만 주어질 거야."

지구 의회로 가는 길에 세번이 엄마에게 물었다.

"파이아칸도 거기 오나요?"

"오기로 되어 있었는데, 신문 기사를 보니까 그가 체포되었다는구나."

엄마가 입술을 깨물며 말했다.

"여기 오지 못하게 하려고 죄를 뒤집어씌운 것 같아. 브라질 정부는 활동가를 안 좋아하지. 특히 원주민 활동가는."

아빠가 달갑잖다는 듯 덧붙였다.

"오에와 타니아가 무척 놀랐겠어요."

세번은 부모님이 감옥에 갇히거나 그보다 더한 일을 당했다고 상상해 보았다. 또 치코 멘데스라는 브라질 출신 환경 운동가가 몇 년 전에 암살당한 일도 떠올려 보았다. 세번의 입에서 흐느끼는 소리가 새어 나왔다.

"세번, 널 속상하게 만들 생각은 아니었는데. 괜히 파이아칸 이야기를 전했나 보다."

아빠가 길게 땋아 내린 세번의 머리를 쓰다듬으며 말했다.

"왜 이렇게 많은 문제가 있는지 모르겠어요. 그것도 모두 무시무시하고 큰 문제 말이에요."

세번은 눈물을 애써 삼키며 아빠의 어깨에 힘없이 머리를 기댔다. 엄마가 한숨을 쉬며 말했다.

"맞아. 확실히 감당하기 힘든 일이지. 현실적인 문제들을 너희가 알게 하고 싶지 않았는데. 그렇지만 리우에 와서 세상을 더 살기 좋게 만들기 위해 멋진 일을 하는 사람들을 많이 만났잖아. 그걸 생각해 봐."

여느 때 같았으면 엄마의 이런 긍정적인 사고방식이 세번에게 힘을 북돋워 주고 어려움에 맞서도록 용기를 줬을 테지만, 지금 세번은 여전히 우울한 생각을 떨쳐 버릴 수가 없었다. 파이아칸에 대한 걱정 때문만은 아니었다. 며칠 후 리우를 떠난다고 생각하니 세번은 마음이 무거워졌다. 회의도 이제 막바지에 이르렀는데 아직까지 세계의 지도자를 한 사람도 만나지 못한 것이다. 세번은 캐나다 수상도 만나고 싶었고, 미국 대통령도 만나고 싶었다.

　지구 의회가 열리는 장소에 도착하고 나서야 세번은 침울한 기분에서 벗어날 수 있었다. 흥겨운 드럼 소리와 즐거운 노랫가락이 흘러나왔기 때문이다. 지구를 생각하는 화려한 영혼들이 여기에 모여 있었다. 아마존 여러 부족의 깃털 장식과 밝고 화려한 아프리카 민속 의상, 미국 원주민 의상, 그리고 정장에서 청바지까지, 사람들은 온갖 종류의 옷과 장신구를 걸치고 있었다.

　아빠와 라피, 에코 회원들이 큰 무대 위로 올라갔다. 연설을 시작하기 전에 진행자가 주의 사항을 일러 주었다.

　"한 문장을 말하고 나서 기다려야 한다. 그걸 통역자가 포르투갈어로 통역할 테니까."

　라피가 청중 속에 있는 청바지와 티셔츠 차림의 남자를 가리키며 말했다.

　"저 사람은 미국 상원 의원인 앨 고어야. 앨 고어는 《균형 잡힌 지구(Earth in the Balance)》라는 책을 쓰기도 했어."

　세번은 뿌듯했다. 에코가 미국 정치인과의 만남에 한 걸음 더 다가선 것이다!

　원주민 무용수들의 공연이 끝나고 나자 아빠가 청중들에게 말했다.

　"이제 지구가 맞닥뜨린 문제, 우리가 불러일으킨 문제들을 물려받을 사람들의 말을 들어 보시기 바랍니다. 제 딸 세번 컬리스–스즈키를 소개합니다."

　아빠가 마이크 높이를 조정하는 동안 세번이 앞으로 나왔다. 세번은 크게 숨을 한 번 내쉬었다. 그러고 나서 이 기회를 놓치지 말자고 스스로 다독였다.

　"안녕하세요. 저는 에코, 즉 '환경을 지키는 어린이 모임'을 대표해서 나왔습니다. 에코는 열두 살 캐나다 아이들의 모임입니다. 우리는 이 세상을 바꾸고 싶습니다."

　세번은 통역할 수 있게 말을 중단하고 진지한 표정으로 서 있었다.

　"저는 아이일 뿐이고 세상 모든 문제를 해결할 방법을 알지는 못합니다. 하지만 어른들도 마찬가지라는 걸 알려 주고 싶어요. 어떻게 해야 오존층에 난 구멍을 메울지, 어떻게 해야 죽은 강물에 연어를 다시 돌아오게 할지, 어떻게 해야 멸종된 동물을 되살릴 수 있을지 어른들도 모르잖아요. 부탁드릴게요. 고칠 수 없으면 망가뜨리지 마세요!"

버네사와 모건이 차례로 이야기했고, 마지막으로 미셸이 다음과 같은 말로 연설을 끝마쳤다.

"저는 부유한 나라 지도자들에게 이 말을 전하러 이곳 브라질에 왔습니다. 더 이상 욕심 부리지 말자고, 가난한 나라한테 빚을 갚으라 하지 말고 우리가 가진 기술을 나눠 쓰자고 말입니다."

청중들이 열렬한 박수갈채를 보냈다. 때맞춰 라피가 에코 회원들 쪽을 돌아보면서 노래를 흥얼거리기 시작했다.

"큰일 났네, 큰일 났어! 모두 불타오르네.
지구가 죽어 간다네. 우리가 막아야 하네.
큰일 났네, 큰일 났어! 모두 불타오르네."

어느새 아이들은 모두 라피와 함께 노래를 부르고 있었다. 정말 훌륭한 공연이었다. 공연이 끝나자 기자들이 아이들과 인터뷰를 하려고 몰려왔다. 캐나다 환경부 장관도 와서 대표단 중 몇 명을 소개했다.

"이분은 미국 유니세프 회장이신 제임스 그랜트 씨란다."

"만나 뵈어서 반갑습니다."

"무척 감동적인 연설이더구나, 세번. 연설문 복사본 하나

줄 수 있겠니? 캐나다 수상을 만날 때 보여 주려고 한단다."

세번은 가슴이 방망이질하듯 뛰었다.

"물론이에요. 그런데 좀 지저분해요."

세번은 구겨진 연설문을 건네며 말했다.

"원본을 나한테 줘도 되겠니?"

"괜찮아요. 저는 며칠 후면 떠날 거거든요."

그렇게 말하고 나니까 회의가 끝나는 게 더욱 실감 났다. 그래도 에코의 메시지가 적어도 두 사람의 중요한 세계 지도자에게 전달되었으니 임무는 완수한 셈이었다.

에코 회원들이 자리로 돌아오니, 누더기 의상을 입은 한 무리 아이들의 춤 공연이 막 시작된 참이었다. 세번의 눈에 눈물이 고였다. 아이들의 춤 동작은 고단한 삶을 표현했는데, 그날 들었던 어떤 연설보다 더 강한 메시지를 전달하고 있었다. 마지막에 춤추던 아이 하나가 옷을 벗어 던졌다.

뜻밖이었지만 에코 친구들은 크게 놀라지 않았다.

"저 아이들은 우리에게 뭘 보여 주려고 했을까? 아이들이 옷을 입을 권리조차 누리지 못하고 있다는 뜻일까?"

미셸이 말했다. 세번은 힘겹게 사는 이 아이들에 대해 더 알고 싶어졌다. 그런데 이튿날 기회가 왔다.

부자가 되고 싶어

"방송국 차가 왔어."

엄마가 아이들을 모두 불러내 숙소 아래 세워 놓은 방송국 차에 태웠다. 기자가 통역과 안내를 맡은 사회복지사를 아이들에게 소개했다.

차가 리우의 깨끗하고 현대적인 건물이 늘어선 도심지를 달리다가 쓰레기가 나뒹구는 좁은 골목길로 들어섰다. 길 양쪽 벽면은 스프레이로 낙서가 되어 있었고, 군데군데 골판지 상자가 버려져 있었는데, 상자 아래로 조그만 맨발 몇 개가 삐죽 나와 있는 게 보였다. 공원에 차가 서자, 일행은 모두 내렸다.

"애들아, 안녕?"

사회복지사가 담배꽁초를 돌려 가며 피우고 있는 아이들

한테 다가가 말을 걸었다. 아이들은 얼빠진 모습이었다. 세번은 아이들이 마약에 취한 게 아닌가 의심스러웠다.

"저 아이들은 겁에 질려 있어. 방금 누가 그들을 죽이겠다고 협박한 것 같아."

사회복지사의 말을 듣고 버네사는 깜짝 놀랐다.

"경찰은 아이들을 보호하지 않나요?"

"리우에서는 때로 경찰이 아이들을 죽이기도 해."

사회복지사가 설명했다.

기자가 파비오라는 남자아이에게 물었다.

"넌 왜 거리의 아이가 되었니?"

파비오의 멍한 눈빛이 씁쓸한 표정으로 바뀌었다.

"새엄마가 뜨겁게 달궈진 다리미를 들고 쫓아왔어요. 그걸 나한테 던지길래 도망쳤죠. 이제는 경찰한테 쫓기지만 내가 더 빠르니까 괜찮아요."

흙먼지를 뒤집어쓴 채 반바지 하나만 입은 아이가 말했다.

"경찰이 우리를 개 몰듯 몰아서 여기에 데려다 놨어요."

그러자 덩치가 작은 아이가 등과 다리에 든 멍을 보여 주며 말했다.

"경찰이 우릴 방망이로 때렸어요. 총으로 쏘겠다고 위협하

길래 우린 창밖으로 뛰어내렸어요. 부자들은 다 잘 먹고 잘 사는데 우리 가족은 배가 너무 고파요."

라켈이라는 여자아이가 바싹 마른 잔디를 발로 찼다.

"우리 엄마 아빠는 우리 형제들을 먹여 살릴 돈이 없어요. 전에는 여행자들한테 돈을 구걸했는데, 이제 이 빈민가에서는 여행자를 찾을 수가 없어요."

그중에는 사리카보다 클까 말까 한 아이도 있었다.

"우린 열두 살이야. 너흰 몇 살이니?"

세번이 포르투갈어로 물었다. 키가 가장 큰 남자아이가 대답했다.

"열일곱 살."

파비오는 열다섯 살이었고, 라켈은 열두 살이었다.

"너희들은 어디서 자니?"

세번이 물어보았다.

남자아이 하나가 세번 일행을 지저분한 골목길 아래 헛간 같은 곳으로 안내했다. 파리가 득실거리고 악취를 풍기는 쓰레기가 문밖에 쌓여 있었다.

사회복지사가 통역해 주었다.

"버려진 이 컨테이너에서 서른 명쯤 되는 아이들이 잔대."

문 안쪽에는 더 많은 쓰레기가 쌓여 있었다. 이 쓰레기가 그들이 가진 전부인 것 같았다. 세번은 두려움을 감추고 애써 밝은 표정을 지어 보였다. 그 아이들에게는 어쨌든 이게 집이니까.

"엄마, 나 어지러워 쓰러질 것 같아."

미셸의 얼굴이 갑자기 백지장처럼 하얘지더니 밖으로 뛰어나갔다.

"우리도 이제 그만 가자."

엄마가 사리카의 손을 잡으며 말했다.

"잠깐만요. 이건 중요한 일이에요."

세번이 말했다. 버네사가 바닥에 나 있는 구멍을 가리키며 속삭였다.

"변기인가 봐."

사회복지사를 따라 모두 바깥으로 나왔을 때, 모건이 용기를 내어 거리의 아이들에게 물었다.

"너희들의 꿈은 뭐니?"

아이들이 환하게 웃었다.

"돈 많은 부자가 되고 싶어."

"부자가 되면 뭘 살 건데?"

기자의 물음에 라켈이 대답했다.
"우리 같은 거리의 아이들에게 음식과 옷과 약을 사 주고 싶어요. 그리고 부자가 되면, 좋은 집에서 가족이랑 같이 행복하게 살 거예요. 아무도 우리를 깔보지 못하게."
다른 아이들도 고개를 끄덕였다. 이어 거리의 아이들은 손을 흔들어 작별 인사를 했다.
세번과 친구들은 거리 아이들의 비참한 생활 환경을 보고 충격을 받아 얼떨떨했다.
"정말 무시무시한 일이야. 이 아이들이 자는 동안 기름을 부어 불을 붙이는 사람도 있어. 그래서 심하게 화상을 입은 아이들도 있단다."
사회복지사는 머리를 절레절레 흔들며 말을 이었다.
"브라질에는 전기도 수도도 없는 환경에서 비참하게 생활하는 어린이와 청소년이 수백만 명이나 돼. 때로 이들은 폭력을 쓰기도 하는데, 보고 배운 게 그것뿐이기 때문이야."
기자가 세번과 친구들에게 물었다.
"방금 본 것 중에 뭐가 가장 기억에 남니?"
"끔찍해요. 실제로 일어나는 일이라니 믿어지지 않아요. 캐나다에 사는 게 얼마나 큰 행운인지 깨달았어요. 하지만 사람들은 돌아갈 집이 있고 먹을 음식이 있다는 게 얼마나 큰 행운인지 아직 잘 모르는 것 같아요."

버네사가 가슴을 쓸어내리며 말했고, 세번이 이어 말했다.

"나무 상자나 종이 상자로 만든 집에서 사는 아이들이 있다니……. 거리의 아이들은 갈 곳도 없고 받아 주는 곳도 없는 거죠."

"나는 음악 과외를 받는 것도, 학교에 다니는 것도 당연한 줄 알았어요. 이렇게 학교에 가지 못하는 아이들을 만나고 나니까 새삼 내가 얼마나 많은 혜택을 누리고 사는지 알 것 같아요. 저 아이들도 세상 어떤 아이들이나 마찬가지로 소중한데 말이에요."

모건이 내뱉듯이 말했다. 그러자 버네사가 주먹을 부르쥐며 말했다.

"우린 이 나무를 구해야 한다, 저 식물을 살려야 한다고 말하러 여기 왔지만, 정말 도와야 할 건 저 아이들인 것 같아요!"

"저 아이들이 죽임을 당할 수도 있다는 게 상상이 안 돼요. 아침에 죽어 있을 수도 있다는 게 말이 되나요? 세상 모든 사람이 적어도 내일 자기한테 어떤 일이 일어날지 어느 정도는 알 수 있어야 하잖아요."

세번은 슬픔에 젖은 목소리로 말했다.

다시 차로 돌아온 아이들은 캐나다로 돌아가서 거리의 아이들을 어떻게 도울지 의견을 나누었다.

"에코가 환경을 보호하기 위해 일한다고만 생각했지, 가난한 사람들을 돕는 게 얼마나 중요한지는 전혀 생각 못 했어."

버네사의 말에 모건이 덧붙였다.

"당장 아이들의 목숨이 위태롭거나 쓰레기 더미에서 음식을 뒤져야 하는 형편이라면, 오염된 도시에서 사는 게 가장 큰 문제가 될 수는 없겠지."

"결국 건강하지 못한 환경에서 가장 고통받는 사람은 가난한 아이들이야."

미셸이 말했다.

"가난한 브라질 사람들이 식구를 먹여 살릴 수만 있어도 밀림을 불태우지는 않을 거야."

세번이 고개를 가로저으며 말하자, 미셸 엄마가 덧붙였다.

"부유한 나라는 가난한 나라에 환경을 망가뜨리지 말라고 하지만, 가난한 나라에서 보면 그건 그들의 삶의 질을 떨어뜨리는 것처럼 생각되는 거야."

"맞아. 그게 바로 돈을 가진 부유한 나라와 돈을 원하는 가난한 나라 사이에 벌어지는 줄다리기, 곧 협상의 드라마지."

세번 엄마가 말했다.

세번은 '돈'이라는 말을 듣고 다시 한번 생각했다. 만약 부유한 나라 사람들이 환경을 지키기를 원한다면 그들이 그 비용을 내야 한다. 왜냐하면 그들이 오래전부터 많은 자연 자원을 소비하고 그 결과 환경을 파괴한 장본인이기 때문이다.

기자가 세번 일행을 에코 부스에 내려주면서 말했다.

"고맙다, 얘들아. 지난 며칠간 함께 취재하면서 너희들을 알게 되어서 정말 좋았어. 너희들이 유엔 총회에서 연설할 수 있기를 바란다. 행운을 빌어."

공평하지 않아

그날 저녁, 아빠는 모리스 스트롱 유엔 사무총장이 주관하는 기자 회견장의 긴 탁자 끝에 앉아 있었다.

"미셸, 내 옆에 앉아라. 네 순서가 끝나면 세번이 넘겨받을 거야. 모두 행운을 빈다!"

다른 아이들은 기자들과 함께 앉아 있었다.

미셸이 마이크를 들었다.

"제 이름은 미셸 퀴그예요. 저는 캐나다에서 태어났지만, 제 몸속에는 콜롬비아인의 피가 흐르고 있어요. 저는 운 좋게도 콜롬비아를 방문할 기회가 몇 번 있었어요. 그래서 북아메리카와 남아메리카가 얼마나 다른지 제가 느낀 것을 말씀드리고 싶어요.

캐나다에서 우리는 풍부한 음식과 깨끗한 물, 거주할 집

등의 혜택을 많이 받고 살아요. 시계도 있고 컴퓨터, 텔레비전, 자동차도 있어서 편리한 삶을 살 수 있지요. 매일 일어나면 학교에 가고, 집에 돌아오면 음식이 차려져 있고요.

콜롬비아와 브라질에서 제 또래 아이들이 거리에서 지내는 것을 봤어요. 구걸하는 아이도 봤고, 제힘에 버거운 벽돌이나 널빤지를 나르는 아이도 봤고, 공사장에서 일하는 아이, 구두닦이 하는 아이들도 봤어요.

리우에 올 때는 비행기에서 파벨라를 내려다봤어요. 수많은 판잣집이 다닥다닥 붙어 있었어요. 상하수도도 없이 말이에요. 상하수도는 캐나다에서는 아주 당연하게 생각하는 것이죠. 어디서 태어나느냐에 따라 삶이 너무 달라진다는 생각이 자꾸 들어요. 사실 어디에 살든 상관없이 아이들은 아이들이잖아요. 모두가 꿈과 희망이 있는 아이들이죠.

  캐나다에는 비만인 사람이 그렇게 많은데, 한쪽에선 몇백만 명이 넘는 사람들이 영양실조로 죽어 가고 있어요. 캐나다에 사는 사람들은 살을 빼겠다고 실내용 자전거 같은 운동 기구를 쓰다가 다시 차를 타고서 일하러 가곤 하죠. 세상의 다른 곳에서는 굶주리고 있는데, 그렇게 낭비한다는 게 너무 불공평해요.

  우리가 가진 것을 나눴으면 해요. 어른들도 나눠 가지면 안 되나요? 사람들은 자기가 가진 것에 절대로 만족하지 않는 것 같아요. 늘 뭔가를 더 원하죠. 하지만 이제 이런 이기적인 습관을 버려야 해요. 아이들조차도 우리가 나눠 써야 한다는 걸 알아요."

미셸에 이어 세번이 연설을 했다.

"부모님들은 언제나 '다 잘될 거야.', '우리는 최선을 다하고 있어.'라는 말로 아이들을 안심시켜 왔어요. 하지만 이제 그런 말로는 안 될 거예요. 우리 지구가 모든 아이들에게 점점 살기 힘든 곳이 되어 가고 있으니까요. 그런데도 어른들은 화합하지 않고 국가의 이익만 따져요. 우리는 제1세계, 제2세계, 그리고 제3세계에 관한 얘기를 맨날 들으면서 살아요. 하지만 인공 위성 사진으로는 아무리 봐도 세계가 하나거든요. 그래서 인도, 중국, 브라질에서 무슨 일이 일어나면, 캐나다, 유럽, 일본, 또는 어디에 살든 모두에게 영향을 미치는 거죠."

사람들은 손뼉을 쳤고 카메라 플래시가 터졌다.

"잘했다!"

아빠가 활짝 웃으며 두 아이의 손을 꼭 잡았다. 모건과 버네사와 사리카도 함께 축하해 주었다. 세번은 연설을 훌륭히 마친 것이 자랑스러웠다. 하지만 왠지 가슴 한구석이 허전한 느낌이 들었다. 토브 때문일까? 거리의 아이들 때문일까? 에코 회원들의 이야기가 정말로 세상의 변화를 가져오기는 할까?

"너희들 모두 정말 열심히 했고, 여기 온 어떤 참가자들보다 더 많은 사람에게 메시지를 전달했어. 축하한다!"

아빠는 아이들을 하나하나 안아 주었다. 엄마도 덧붙였다.

"우린 너희들이 한 일이 무척 자랑스럽단다. 너희들도 그렇지?"

엄마 말이 옳았다. 에코는 정말로 많은 걸 해냈다. 세번은 밴쿠버에서 한 모금 행사와, 글로벌 포럼 행사장에서 2주 가까이 에코 부스를 운영한 것, 이곳 리우에서 한 여러 연설, 그리고 수많은 인터뷰를 떠올려 보았다. 유엔과 세계 지도자들 앞에서 연설을 못 했으면 어떤가?

"사, 이제 열심히 일한 대가로 아마존을 며칠간 여행할 수 있겠구나."

엄마가 아마존으로 여행을 갈 거라며 아이들에게 짐을 꾸리라고 했다.

"야호!"

모건이 소리를 질렀다.

"아마존아, 우리가 간다!"

세상에 고함

"진짜 밀림을 보게 되다니 신난다."
버네사가 여행 가방에 옷가지를 쑤셔 넣으며 말했다.
"아마 푹 빠져들걸? 숲속 원두막 같은 곳에서도 잘 거야."
세번이 가방 지퍼를 잠그며 말했다.
사리카가 거들었다.
"원숭이, 나비, 앵무새 같은 것도 볼 수 있어. 악어도."
"악어!"
모건이 사리카를 안아 빙 돌리면서 외쳤다.
"악어 파이, 악어 파이! 먹고 싶어 죽겠네!"
아이들은 다 함께 소리를 높였다.
그때 전화벨이 울렸다.
"여보세요, 데이비드 스즈키입니다……. 아, 알겠습니다."

세번은 아빠의 말투와 표정에서 어떤 낌새를 알아차렸다. 아빠는 수화기를 막은 채 입을 뻐끔거리며 말했다.

"얘들아, 세번이 리우 센트로에서 열리는 마지막 총회에서 연설할 수 있게 됐어! 5분간 시간을 주겠대."

"오, 맙소사!"

모건이 외쳤다.

"정말 대단하다."

미셸이 두 손으로 뺨을 감싸며 말했다.

"언제요?"

걱정스러운 목소리로 엄마가 말했다.

"오늘 저녁……."

"그때라면 우리는 공항에 가 있을 텐데."

아이들이 펄쩍 뛰면서 말했다.

"우리는 괜찮아요. 우리가 리우에 온 이유가 바로 그거잖아요!"

아빠가 다시 상대방과 대화를 하고 나서 전화를 끊었다.

"어떻게 된 거예요?"

세번은 어쩔 줄 몰라 하며 깡충깡충 뛰었다.

"제임스 그랜트 유니세프 회장 기억나지? 그 사람이 유엔 사무총장한테 가서 네가 총회에서 연설할 수 있게 해 달라고 부탁한 모양이야. 때마침 오늘 누가 회의에서 빠지게 됐다는구나."

"그래서 저더러 발표하래요? 그렇지만 우리 모두 돌아가면서 하기로 했잖아요. 난 어제 했는데."

미셸이 앞으로 나서며 말했다.

"하지만 세번, 이건 처음부터 너의 꿈이잖아. 네가 아니었으면 우린 여기 오지도 못했어."

"그리고 네가 가장 발표를 잘하잖아. 우린 상관없어, 정말!"

버네사가 말했다.

세번은 모건을 돌아보았다.

"글쎄, 세번. 난 샘나서 미치……겠지만, 당연히 네가 해야지."

모건이 익살스럽게 웃으며 말했다.

"비행기표와 호텔 예약을 변경할 수 있는지 알아볼게. 그러고 나서 택시를 불러야겠다."

엄마는 벌써 전화기를 들고 있었다.

"이번 연설을 가장 잘해야 할 텐데."

그렇게 말하다 세번은 가슴이 덜컥 내려앉았다.

"어쩌지? 지난번 연설문을 그랜트 회장에게 줘 버렸어. 다시 쓸 시간도 없는데."

"없긴 왜 없어. 우리 모두 힘을 합치면 금방 쓸 수 있을 거야."

미셸이 침착하게 자기 연설문 원고를 찾으면서 말했다.

"뭘 해야 하는지 정확히 아니까. 우린 여기에 와서 다른 사람들에게 우리 생각을 말하고 연설하는 일만 2주 내내 했잖아."

버네사도 세번을 격려했다. 세번은 두 팔로 자기 몸을 껴안으며 안도의 한숨을 쉬었다.

"너희들 정말 최고다."

"5분 이내로 짧게 연설해야 한다. 긴 시간이 아니야."

아빠가 강조했다.

"알았어요, 아빠."

"환경 오염이나 야생 생물 같은 정말 중요한 메시지도 잊지 말고. 그리고 다음 세대 이야기도……."

"아빠, 무슨 말을 해야 하는지는 저도 알아요."

세번은 아빠 말을 중간에 끊고 나서 잘못했다는 생각이 들었다. 그래서 덧붙여 말했다.

"우리가 원고를 다 쓰고 나면 말을 어떻게 크고 분명하게 해야 하는지 가르쳐 주세요."

"미안하구나, 세번. 난 그저 도와주고 싶은 마음에……."

"네, 도와주세요!"

모건이 냉큼 아빠에게 에코 소식지를 건네며 말했다.

"알았다, 알았어. 나는 부채질이나 해 줄게."

"성공! 여행 일정이 모두 조정됐어."

엄마가 길고 긴 통화 끝에 외쳤다.

"이제 택시 타러 나가야지. 시간이 별로 없어."

버네사, 미셸, 모건이 택시 뒷좌석에 앉았고, 세번과 아빠는 앞에 끼어 앉았다. 세번은 벌써 원고를 꺼내 들고 있었다. 가위표를 치고, 덧붙여 써넣기도 하고, 화살표로 빼서 다시 적어 넣은, 복잡한 원고였다.

세번이 죽 읽어 내려가자 아이들이 저마다 하고 싶은 말을 쏟아 냈다. 에코 회원들이 마지막으로 하는 아주 중요한 협동 작업이었다. 하지만 울퉁불퉁한 도로를 달리는 택시 안에서 글씨를 쓴다는 건 쉽지 않은 일이었다. 결국 연설문 종이는 더 지저분해지고 말았다.

아빠가 엉망진창인 종이를 들여다보며 외쳤다.

"너 정말 이거 읽을 수 있겠니?"

며칠 전만 해도 차를 타면 불안해서 꼼짝 못 하던 아이들이 택시가 곡예 운전을 하는데도 아랑곳하지 않고 연설문을 완성하느라 정신없었다.

"늦지 않았나요?"

세번이 땀에 젖은 머리를 쓸어 올리며 몹시 초조한 듯 물었다. 세번의 머리카락은 숨이 턱턱 막히는 열기와 습기 때문에 보통 때보다 더 고불거렸다.

"미리 연습할 시간도 없겠는걸?"

"넌 잘해 낼 거야, 세번. 문제없어."

걱정하는 세번을 북돋우며 미셸이 말했다.

이윽고 택시가 기다란 하얀색 건물 앞에서 속도를 줄였다. 리우 센트로였다. 위협적인 군대 장갑차가 건물을 둘러싸고 있었고, 무시무시한 눈빛을 한 군인들이 기관총을 든 채 지키고 있었다.

세번의 가슴이 쿵쿵 방망이질 쳤다. 하지만 엄마를 태운 다른 택시가 도착해 있는 것을 보자 조금 안심이 되었다. 엄마는 들어가는 입구를 미리 알아 놓았다.

제복을 입은 공무원이 입장권을 들여다보더니 초대 명단을 죽 훑어 내렸다. 세번은 자기 이름이 거기 없으면 어떡하나 조마조마했다. 드디어 공무원이 고개를 끄덕이더니 세번 일행에게 보안 검사대로 가라고 했다.

"오, 다행이다."

세번은 건물 안으로 들어가면서 한숨을 내쉬었다. 세번은 물론이고 연설문 종이까지 땀으로 푹 젖어 있었다.

일행은 복도를 가로질러 재빠르게 걸어갔다. 다행히 유엔 총회가 열리는 회의장으로 가는 길은 쉽게 찾을 수 있었다.

"정말 크구나."

회의장으로 걸어 들어가면서 모건은 침을 꿀꺽 삼켰다.

"그런데 대표단들은 모두 어디 갔지?"

"2주 가까이 앉아서 계속 회의하느라 모두 지친 거겠지."

모건의 말에 미셸이 속삭였다.

세번은 마음이 아주 평온해지는 걸 느꼈다. 세번은 지난 10일간이 바로 이 순간을 위한 예행 연습이었다는 생각이

들었다. 지금이야말로 자신이 그토록 꿈꾸어 온 순간이 아니었던가. 회의장이 꽉 차지 않아도 좋았다. 총회에 참석한 모든 사람이 중대한 결정을 내리는 사람일 테니까!

라피가 세번에게로 다가왔다.

"괜찮니, 아기 흰고래?"

"떨려요. 하지만 무섭지는 않아요."

세번이 대답했다.

"이것만 기억해. 고개를 들고, 사람들 눈을 똑바로 바라보는 거야."

라피가 손으로 세번의 턱을 약간 들어 올렸다.

"눈을 맞추는 게 중요하거든."

세번이 세계 각국 지도자들 앞에서 이야기할 순서가 다가왔다. 세번은 주변을 둘러보았다. 에코 친구들, 부모님, 미셸 엄마와 라피, 이런 훌륭한 사람들이 세번을 이 자리에 서게 해 주었다. 연단으로 올라가면서 세번은 그들의 응원이 자신을 나아가게 하는 큰 힘이 되는 걸 느꼈다.

진행 요원 한 사람이 세번을 다른 환경 단체에서 온 세 명의 여자아이들과 함께 무대 위 의자에 앉게 했다. 한 명은 독일에서, 또 한 명은 과테말라에서, 그리고 나머지 한 명은 캐나다에서 온 아이였다.

'각국 대표들이 아이들 말을 들으러 왔다니 정말 멋진 일이네. 하지만 우리가 그저 끼워 주기식 사은품은 아니었으면 좋겠다.'

세번은 속으로 생각했다.

"발표는 3분에서 4분 정도로 맞춰 주세요."

진행 요원이 말했고, 세번은 침을 꿀꺽 삼켰다. 세번은 어쩔 도리 없이 지저분해진 연설문 종이만 바라보았다.

'어떤 걸 빼지? 끝까지 말하기 전에 연설이 길다고 끊으면 어쩌지?'

아이들이 한 사람씩 무대 앞으로 나와 미래에 자기들이 원하는 것을 이야기했다. 자원을 보존하고 야생 동물을 보호하는 것에 대해, 깨끗한 물을 먹을 권리에 대해, 그리고 전 세계 어린이들에게 교육이 얼마나 중요한지에 대해 각자 발표했다.

그들은 모두 진지하고 겸손한 자세로 세계가 맞닥뜨린 여러 문제를 해결할 방안을 제시했다. 청중은 고개를 끄덕였고, 따뜻한 격려의 박수를 보내 주었다.

드디어 세번의 이름이 불렸다. 세번이 연단으로 걸어 나가니 청중석에 앉아 있는 가족이 보였다. 세번은 아빠가 긴장한 것을 알 수 있었다. 하지만 이내 엄마와 사리카가 웃음으로 응원하는 걸 보고 자신감과 힘이 불끈 솟았다.

세번은 턱을 들어 올리고 대표단 한 사람 한 사람의 눈을 바라봤다. 그런 다음 심호흡을 한 번 했다.

"안녕하세요? 저는 세번 컬리스-스즈키입니다. 저는 에코, 즉 '환경을 지키는 어린이 모임'을 대표해서 이 자리에 나왔습니다."

세번은 그동안 많은 시간을 들이며 함께 노력한 에코 친구들을 바라보았다.

"에코는 세상에 변화를 일으키고 싶은 열두 살 아이들의 모임입니다. 버네사 수터, 모건 가이슬러, 미셸 퀴그, 그리고 제가 회원입니다. 우리는 여기 오는 데 들어가는 모든 경비를 우리 스스로 모금했습니다. 여러분 어른들이 삶의 방식을 바꾸지 않으면 안 될 거라는 말을 하기 위해 우리는 8000킬로미터를 날아서 이곳까지 왔습니다."

저는 어린이일 뿐이지만

1992년 6월 3일, 108명의 세계 각국 지도자들이 리우데자네이루에서 열린 지구 정상 회의에 참석했다. 그들은 아름다운 지구를 인간이 더는 파괴하지 못하게 보호하고, 좀 더 책임감 있는 행동 지침을 마련하기 위해 모였다.

과학자들은 만약 인류가 환경 문제를 계속 무시한다면, 해수면 상승이나 기후 변화, 공기·수질·토양 오염 같은 문제뿐 아니라 오존층이 얇아지고 주요 생물 종이 멸종하는 매우 심각한 결과를 불러올 것이라고 벌써 경고했다. 원주민 지도자들도 일찍이 선진 공업국들에 우리 인간을 먹여 살리는 어머니인 지구를 보살필 것을 당부했다.

6월 12일까지 이어진 회의 기간에 각국 대표들은 수많은 연설과 모임, 부대 행사에 참가하면서 곧 닥칠 어두운 현실과 비관적인 통계 자료를 보았다. 게다가 협상이 느리게 진행되는 통에 지치고 용기가 꺾여 있었다.

시끌벅적한 회의장 복도에는 날마다 사람들이 북적댔고, 각국 대표들은 이런저런 일정으로 모였다 흩어졌다 했다. 사람들은 이따금 복도의 모니터 화면으로 총회 연설 방송을 보기도 했다.

그때 한 여자아이가 화면에 등장했고, 사람들의 눈길이 쏠렸다. 꽃무늬 옷을 입은 아이는 마이크를 통해 이야기하기 시작했다. 아이의 목소리는 차분했지만 순수한 열정으로 가득 차 있었다.

"저는 오늘 어떤 특별한 의제를 가지고 이 자리에 선 것이 아닙니다. 저는 저의 미래를 위해 싸우고 있습니다. 미래를 잃어버리는 것은 선거에서 진다든지 주식 시장에서 얼마쯤 잃는다든지 하는 것과는 전혀 다른 문제입니다. 저는 오늘 미래의 모든 세대를 대신해서 이 자리에 섰습니다. 아무도 그 울음소리를 들어 주지 않는 굶주린 어린이들을 대신해서 이 자리에 섰습니다. 지구상 어디에도 발붙일 곳이 없어 죽어 가는 수많은 동물을 위해 이 자리에 섰습니다.

저는 오존층에 난 구멍 때문에 이제 마음 놓고 햇볕에 나가지도 못합니다. 공기 속에 무슨 화학 물질이 들어 있는지 몰라서 편하게 숨을 쉴 수도 없습니다. 저는 제 고향 밴쿠버에서 아버지와 곧잘 낚시를 하러 다녔습니다. 그런데 바로 몇 해 전에 우리는 암에 걸린 물고기를 발견했습니다. 이제는 매일매일 어떤 동물이, 또는 어떤 식물이 멸종된다는 이야기를 듣고 삽니다. 지구상에서 영원히 사라지는 것이죠.

저는 평생 거대한 야생 동물 무리가 몰려다니는 모습과 새와 나비가 가득한 정글을 볼 수 있기를 바랍니다. 그러나 저희 아이들 세대에는 이런 것들이 남아 있기나 할지 모르겠습니다. 여러분은 제 나이였을 때 이런 걱정을 하셨습니까?"

사람들이 여자아이의 연설을 들으러 화면 앞으로 모여들었다. 목소리는 어리지만 또렷하고 힘이 있었다. 시끄러운 복도가 갑자기 조용해졌다. 어떤 여자는 휴지로 눈물을 닦았고, 헛기침을 하는 남자도 있었다.

"이 모든 일이 바로 우리 눈앞에서 일어나고 있는데도 우리는 마치 시간이 아직도 충분하고, 또 문제를 해결할 방법이 있는 것처럼 행동합니다. 저는 아직 어린이일 뿐이어서 모든 문제를 해결할 방법을 모릅니다. 그렇지만 여러분도

인정하기를 바랍니다. 어른들도 해결책을 모르는 것은 마찬가지 아닌가요?

오존층에 뚫린 구멍을 어떻게 메워야 할지 아십니까?

오염된 강물에 연어를 되돌아오게 할 방법을 아십니까?

멸종되어 버린 동물을 되살릴 방법을 아십니까?

지금은 사막이 되어 버린 곳을 푸른 숲으로 되돌려 놓을 수 있습니까?

고치는 방법을 모르면 망가뜨리지 마세요, 제발!

여러분은 정부를 대표해서 여기에 오셨거나, 기업가로, 조직 운영자로, 기자나 정치인으로 이 자리에 와 계실 겁니다. 그러나 여러분은 그 이전에 누군가의 어머니나 아버지, 자매니 형제, 이모, 삼촌일 것이고, 동시에 여러분 모두는 누군가의 아들딸일 것입니다.

저는 아직 어린이일 뿐입니다. 그렇지만 우리가 모두 50억 명으로 된 가족, 아니 3000만 생물 종으로 이루어진 한 가족이라는 것을 알고 있습니다. 우리는 모두 공기와 물과 흙을 나누어 쓰고 있습니다. 어떤 국경선이나 정부도 이것을 절대 바꾸지 못할 겁니다. 저는 어린이일 뿐이지만, 우리가 모두 마음을 합해 한 가지 목표를 향해 같이 움직여야 한다는 것을 압니다. 아무리 화가 나 있어도 저는 눈이 멀지는 않았습니다. 아무리 무서워도 제가 어떻게 느끼는지 세상에 말하길 망설이지 않겠습니다.

우리나라 사람들은 쓰레기를 너무 많이 버립니다. 우리는 사고 버리고 사고 버리고 사고 버립니다. 그러면서도 잘사는 나라들은 궁핍한 나라들과 나눠 쓸 줄 모릅니다. 쓰고 남을 정도로 많아도 나누고 싶어 하지 않고, 우리가 가진 것을 조금 나눠 주는 것조차 두려워합니다.

캐나다에서 우리는 혜택받은 삶을 누리고 있습니다. 풍부한 음식과 물과 집이 있을 뿐만 아니라 시계와 자전거도 있고, 컴퓨터, 텔레비전도 있습니다. 가지고 있는 걸 다 적으려면 이틀도 모자랄 것입니다.

이틀 전, 우리는 이곳에서 거리의 아이들을 만나 보고 충격을 받았습니다. 그중 한 아이가 우리에게 말하더군요. '부자가 되었으면 좋겠어. 부자가 되면 모든 거리의 아이들에게 먹을 것과 입을 것, 의약품과 집, 그리고 사랑과 관심을 나누어 줄 거야.'라고 말입니다. 아무것도 가진 게 없는 아이도 기꺼이 나누겠다고 하는데, 왜 모든 걸 다 가진 우리는 아직도 그토록 욕심이 많을까요? 저는 제 또래 아이들을 만

나면서, 태어난 곳에 따라 삶이 완전히 달라진다는 걸 생각하지 않을 수 없었습니다. 제가 리우의 파벨라에 사는 어린이 중 하나일 수도 있었고, 소말리아에서 굶주려 죽어 가는 아이일 수도 있었고, 중동에서 전쟁의 희생양이 되거나 인도에서 태어나 거지로 살 수도 있었다는 생각을 떨쳐 버릴 수가 없습니다.

저는 어린이일 뿐입니다. 그렇지만 전쟁에 쓰이는 모든 돈이 환경 문제와 빈곤 문제를 해결하는 데 쓰인다면 이 지구는 정말 살기 좋은 곳이 될 거라는 것을 압니다."

세번이 말하는 동안 카메라가 회의장 안을 빙 둘러 찍었다. 엄숙하고 웃음기 가신 표정으로 지켜보는 각국 대표들의 모습이 보였다. 많은 이들의 눈에 눈물이 반짝였다.

"학교에서, 심지어 유치원에서도 어른들은 우리에게 어떻게 행동해야 하는지 가르칩니다. 친구들과 싸우지 말고, 함께 상의해서 문제를 해결하고, 다른 사람을 존중하고, 자기가 어지럽힌 것은 스스로 치우고, 다른 생물을 해치지 말고, 서로 나누고 욕심부리지 말라고 가르칩니다. 그러면서 왜 어른들은 우리에게 가르친 대로 행동하지 않습니까? 여러분이 왜 이 회의에 참석하게 되었는지, 누구를 위해 이 일을 하는지 잊지 마세요. 바로 여러분의 아들딸인 우리를 위해서입니다.

여러분은 우리가 자라서 어떤 세상에서 살게 될지를 결정하고 있는 것입니다. 부모들은 모든 게 잘될 거고, 세상의 종말은 오지 않을 것이며, 최선을 다하고 있다고 말하면서 자기 자식들을 안심시키려 들지요. 하지만 여러분은 우리에게 더 이상 그런 말을 할 수 없을 거라 생각합니다. 도대체 우리 어린이들이 어른들의 우선순위에 있기나 한가요?

우리 아빠는 늘 이렇게 말씀하세요. '너의 말이 아니라 행동이 진짜 너를 만든다.'라고요. 그런데 여러분이 한 행동이 밤마다 저를 울립니다. 어른들은 항상 우리를 사랑한다고 말하지요. 그렇다면 이렇게 부탁드리겠습니다. 제발 말한 대로 행동해 주세요. 들어 주셔서 고맙습니다."

손뼉 치는 소리가 회의장 밖 복도까지 터져 나왔다. 각국 대표들도 벌떡 일어나 박수갈채를 보냈다.

세번이 연단에서 내려올 때까지 대표들은 일어선 채로 손뼉을 쳤다. 세번은 모든 게 뿌옇게 보였다. 마음은 아직도 자기가 한 연설의 강렬한 흥분에 휩싸여 있었다. 세번은 깊은 분노와 슬픔의 말로 세계의 지도자들에게 도전장을 내민 것이다. 세번은 엄마 아빠에게 달려갔다.

"엄마, 내 심장 뛰는 소리 들렸어요?"

미셸, 버네사, 모건이 다 같이 세번을 얼싸안았다. 세번은 토브가 곁에 있는 걸 상상했다. 마치 꿈을 꾸고 있는 것 같았다. 하지만 미친 꿈은 정말 이루어졌다.

"우리가 해냈어!"

"축하해요."

어떤 남자가 세번에게 손을 내밀며 말했다. 세번은 지난번 지구 의회에서 청바지를 입고 있었던 그 사람을 금방 알아보지 못했다. 그러자 아빠가 세번에게 속삭였다.

"앨 고어 상원 의원이야. 정말 좋은 친구지."

상원 의원은 세번의 손을 다정하게 잡으며 말했다.

"여기 리우에서 들었던 어떤 누구의 연설보다도 감명 깊었어요."

어른들, 아이들 말에 귀를 기울이다

에코 회원들은 유엔 총회 연설을 마치고 난 뒤 아마존 밀림에서 멋진 모험을 즐기고 있었다. 그 시간에 유엔 사무총장인 모리스 스트롱은 지구 정상 회의 폐회사에서 다음과 같이 말했다.

"존경하는 의장님, 그리고 각국 정상 여러분. 여러분은 총회 마지막에 연설했던 아이들의 목소리를 듣고 이제는 모두 바뀌어야 한다고 생각했을 것입니다. 또한 우리가 이렇게 모여 일하는 게 우리 아이들을 위한 것임을 깨달았을 겁니다. 그들은 이 회의 이후 우리의 결정과 우리의 행동에 책임지라고 요구할 것이며, 그렇게 할 당당한 권리가 있습니다.

여러분은 캐나다에서 온 세번 컬리스-스즈키라는 열두 살 어린이의 연설을 들었습니다. 그래서 저는 그 어린이의 말을 인용하면서 폐회사를 끝마칠까 합니다. 그 말은 여기 리우에서 여러분이 한 일을 바라보는 이 세상 모든 아이들의 마음을 대변한 것이 아닐까 싶습니다.

'부모들은 모든 게 잘될 거고, 세상의 종말은 오지 않을 것이며, 최선을 다하고 있다고 말하면서 자기 자식들을 안심시키려 들지요. 하지만 여러분은 우리에게 더 이상 그런 말을 할 수 없을 거라 생각합니다. 도대체 우리 어린이들이 어른들의 우선순위에 있기나 한가요? 어른들은 우리를 사랑한다고 말하지요. 그렇다면 제발 말한 대로 행동해 주세요.'

존경하는 의장님, 여기 리우를 떠나면서 우리는 모두 자기가 한 말에 책임을 지라는 과제를 받았습니다. 그것은 바로 우리가 여기에서 한 약속을 얼마나 실천하느냐로 증명될 것입니다. 감사합니다."

각국 정상들은 1992년 지구 정상 회의가 성공적이었다고 입을 모았다. 그들은 기후 변화를 막고 생물 다양성을 보호하자는 선언문에 서명했다. 자그마치 179개국이 '의제 21'

에 서명했는데, 일찍이 그렇게 많은 나라가 참여한 공동 협약은 없었다.

의제 21은 각국이 합의한 선언문을 실천하는 행동 지침으로, 다음 세대가 사용할 자원을 끌어다 쓰지 않는 방법으로 현재 필요한 것을 충족시키자는, 지속 가능한 21세기를 위한 희망 목록이었다. 의제 21은 또한 어린이와 청소년이 의사 결정에 참여할 수 있는 분과를 마련하는 것도 포함하고 있었다. 이에 따라 '툰자 세계 어린이·청소년 환경 회의'를 결성하고, '유엔 환경 계획(UNEP)' 청소년 대표단을 뽑았다. 툰자는 '배려와 애정으로 대한다.'라는 뜻의 아프리카 말이다.

오늘날 세계 곳곳의 어린이와 청소년은 환경과 사회, 세대 간 평등 문제 등에 꾸준히 참여하여 자기 목소리를 내고 있다. 아직도 그들은 어른들이 자기들 의견에 귀를 기울이고 삶의 방식을 바꾸기를 바라고 있다.

에코는 지금

지구 정상 회의가 끝나고 얼마 뒤에 앨 고어 상원 의원은 빌 클린턴과 함께 일할 부통령으로 미국 대선에 출마했고, 빌 클린턴은 대통령에 당선되었다. 앨 고어는 지구를 구하는 전 세계적인 감시 체계인 '지구를 지키는 사명(Mission to Planet Earth)'에 어린이들이 참여하는 계획을 세웠다. 그는 기후 변화를 경고하는 《불편한 진실》이라는 책을 쓰고 영화로 만들기도 했다.

세번의 부모 데이비드 스즈키와 타라 컬리스, 그리고 더그 톰킨스, 제프 깁스, 더그 레이건과 라피는 열정적인 환경 운동가로 계속 활동하고 있다. 사리카 컬리스-스즈키는 해양 생물학 박사 학위를 받았으며, 생물 다양성 보전에 관심을 기울이고 있다.

　토브 펭거는 고등학교에 다닐 때 환경 문제와 관련해 청소년 지도자를 양성하는 '지구를 위한 지도자 계발'이라는 또 다른 청소년 단체에도 참여했다. 졸업 후 브리티시컬럼비아 주 원주민 부서에서 일했다.
　모건 가이슬러는 관광 산업 교육 네트워크인 링크비시(Link BC)의 총관리자이다. 모건은 관광 전공 학생들이 일자리 찾는 것을 도와주면서, 한편으로 '변화 프로젝트'라는 콘테스트를 벌여 학생들이 지역 사회를 변화시키도록 장려하기도 했다.
　미셸 퀴그는 가난한 사람들에게 법률 서비스를 하는 비영리 단체에서 변호사로 일했으며, 지금도 사회 정의와 자연 사랑을 가장 큰 가치로 두고 산다.

　버네사 수티는 에코에서 활동한 것이 그녀의 삶을 완전히 바꾼 계기가 되었다. 처음으로 같은 생각을 하는 사람들과 함께 일해 본 이 경험으로 자기도 뭔가에 대해 발언할 수 있고, 자기 얘기를 사람들이 귀 기울여 듣는다는 사실을 깨달았다.

　세번 컬리스-스즈키는 하이다과이에서 남편과 두 아이와 함께 산다. 세번은 하이다과이 고등 교육 협회, 데이비드 스즈키 재단, 여성 재단인 '스파크'의 이사로 활동하고 있다. 지금도 세번은 어른들이 정말 위급한 일이 무엇인지 깨닫게 해 주는 중요한 사명이 어린이들에게 있다는 것을 믿고, 어린이들이 사회 문제와 환경 문제에 나서서 자기 목소리를 낼 수 있도록 돕고 있다.

남편과 두 아이와 함께한 세번.

어른이 된 세번이 말하다

저는 제가 리우에서 한 연설을 유엔에서 녹화하는 줄은 꿈에도 생각하지 못했습니다. 나중에 비디오테이프를 받고서야 알았고, 엄마는 그것을 복사해서 아는 사람들한테 보내 주었습니다.

몇 해 지나 인터넷이 등장하고 나서 저의 비디오는 '6분 동안 세계를 침묵시킨 소녀'라는 제목으로 유튜브에 올라왔습니다. 놀라운 것은 지금까지 이 유튜브 영상의 조회 수가 몇백만 건이 넘었으며, 오늘날에도 여전히 가슴 뭉클한 연설로 통한다는 사실입니다.

리우를 다녀오고 나서 우리 에코 친구들은 저마다 다른 학교에 진학하게 되었습니다. 이듬해인 1993년, 저는 베이징에서 유엔 환경 계획에서 주는 '글로벌 500'상을 받았습니

다. 이 밖에 세계 각지에서 열린 큰 규모의 환경 회의에 참가하여 발표를 했습니다. 그중에는 제가 유엔 특별 자문 위원으로 참여한 1997년과 2002년 유엔 세계 정상 회의도 있습니다.

 또한 저는 기후 변화와 공기 오염에 대한 의식을 깨우치고자 캐나다 국토 횡단 자전거 타기 캠페인을 벌이기도 했으며, 청소년 집단을 만드는 데 도움을 주었습니다. 그 후 미국의 예일 대학교에 진학하여 생태학과 진화생물학을 전공했으며, 캐나다 빅토리아 대학교에서 원주민 콰콰카와크 종족 노인들을 연구하며 인종생태학을 공부했습니다. 몇 권의 책을 출간했고, '스즈키의 자연 탐구와 사마콴-물 이야기'라는 텔레비전 프로그램을 맡아 진행하기도 했습니다.

저는 제가 지구에 대한 행동 강령인 '지구 헌장'을 만드는 데 기여한 것을 자랑스럽게 생각합니다. 이런 큰일을 해내게 된 것은 지구를 사랑하는 제 마음속 열정을 따랐기 때문입니다.

그동안 저는 환경을 지키려는 노력과 함께 수없이 많은 연설을 하였습니다. 그렇지만 1992년 리우에서 한 그 몇 분간의 연설이 지금껏 제가 한 활동 중에 가장 큰 영향력을 미쳤다고 생각합니다. 저는 이제 어른이 되었지만, 사람들은 아직도 제가 열두 살 때 했던 연설에 대해 이야기합니다. 그건 아마도 자신만의 방식으로 진실을 이야기해 줄 아이들의 목소리가 필요해서가 아닐까요?

돌이켜 보건대, 1992년 지구 정상 회의 이후 실제로 나아

진 것이 거의 없어서 용기와 희망을 잃을 수도 있습니다. 하지만 이제 저는 두 아이의 엄마로서, 더는 제 미래만을 위해 싸우지 않을 것입니다. 우리 아이들의 미래를 위해 싸울 것입니다. 아이들의 미래를 위해서 할 수 있는 모든 일을 다할 것입니다. 지구를 사랑하는 마음과 더불어 자식을 사랑하는 마음은 변화를 가져오는 가장 큰 힘입니다.

세번 컬리스-스즈키

사진으로 보는 에코의 활동

지구 정상 회의 에코 부스에서. 왼쪽부터 미셸 엄마 패트리샤, 모건, 버네사, 세번 아빠 데이비드, 사리카, 세번, 미셸, 세번 엄마 타라.

지구 정상 회의 부스 정리를 마치고 쉬고 있는 에코 친구들.

에코 친구들도 수천 명의 시위대를 따라 리우의 아틀란티카 대로를 행진했다.

리우에 사는 거리의 아이들이 에코 친구들과 만남을 가진 뒤 함께 사진을 찍었다.

에코 부스를 찾은 캐나다 환경부 장관과 이야기를 나누는 세번과 버네사.

미셸이 유엔 사무총장이 주관하는 기자 회견에서
발표자로 나와 이야기하고 있다.

에코 친구들은 일과가 끝나면 무척 지쳤지만,
숙제하고 일기 쓰는 것도 잊지 않았다.

유엔 총회에서 세번은 당당하고 호소력 있는 연설로 세계 지도자들을 침묵시켰다.

에코 친구들이 모여 세번이 유엔 총회 연설을 훌륭히 끝마친 것을 축하하고 있다.

ECO KIDS:
The world in their

It's written all over their faces – youthful energy and a commitment to the environment. These are the five winners of the VanCity Youth Environmental Service Award.

Morgan Geisler, Vanessa Suttie, Severn Cullis-Suzuki, Tove Fenger and Michelle Quigg are collectively known as the "Eco Kids."

As members of the Environmental Children's Organization, they began working together two years ago when they were all students at Lord Tennyson school in Vancouver.

With imaginative fund-raising (they made and sold Eco Gecko lizard brooches) they made enough money to buy a water filter for a Penan village in Sarawak.

Later, they held a special night at the Vancouver Planetarium that raised enough money to send them to the Earth Summit in Brazil. There they met with delegates and diplomats and put forward a children's perspective on the environment.

VanCity helped finance Eco Kids newspaper and was active in helping raise funds for their trip to Brazil.

캐나다 밴쿠버에서 주는 청소년 환경 봉사상을 받은 에코 친구들에 관한 기사.

내가 바꾸는 세상은 불편을 참는 대신 스스로의 힘으로 세상을 아름답게 바꿔 가는 어린이들의 이야기를 통해 유쾌하고 발랄한 시민 의식의 힘을 보여 줍니다.

내가 바꾸는 세상 10
지구 좀 그만 못살게 굴어요!

처음 펴낸 날 2023년 5월 26일 | 두 번째 펴낸 날 2024년 9월 20일

글 재닛 윌슨 | **그림** 이지후 | **옮김** 송미영
펴낸이 이은수 | **편집** 오지명, 박진희 | **디자인** 원상희 | **마케팅** 정원식
펴낸곳 초록개구리 | **출판등록** 2004년 11월 22일(제300-2004-217호)
주소 서울시 종로구 비봉2길 32, 3동 101호 | **전화** 02-6385-9930 | **팩스** 0303-3443-9930
인스타그램 instagram.com/greenfrog_pub

ISBN 979-11-5782-259-1 74840 | **ISBN** 979-11-5782-035-1(세트)